Serap Souka

Zielgruppenorientierte Werbung für Migranten

Wie gewinnt man
die kaufkräftige Mittelschicht
der in Deutschland lebenden
türkischen Migranten?

Bachelor + Master
Publishing

Souka, Serap: Zielgruppenorientierte Werbung für Migranten: Wie gewinnt man die kaufkräftige Mittelschicht der in Deutschland lebenden türkischen Migranten?, Hamburg, Bachelor + Master Publishing 2013

Originaltitel der Abschlussarbeit: Zielgruppenorientierte Werbung für Migranten: Wie gewinnt man die kaufkräftige Mittelschicht der in Deutschland lebenden türkischen Migranten?

Buch-ISBN: 978-3-95549-120-8
PDF-eBook-ISBN: 978-3-95549-620-3
Druck/Herstellung: Bachelor + Master Publishing, Hamburg, 2013
Zugl. Heinrich-Heine-Universität Düsseldorf, Düsseldorf, Deutschland, Diplomarbeit, 2010

Bibliografische Information der Deutschen Nationalbibliothek:
Die Deutsche Nationalbibliothek verzeichnet diese Publikation in der Deutschen Nationalbibliografie; detaillierte bibliografische Daten sind im Internet über http://dnb.d-nb.de abrufbar.

© Bachelor + Master Publishing, Imprint der Diplomica Verlag GmbH
Hermannstal 119k, 22119 Hamburg
http://www.diplomica-verlag.de, Hamburg 2013
Printed in Germany

Inhaltsverzeichnis

Abbildungsverzeichnis

Tabellenverzeichnis

Abkürzungsverzeichnis

AG	Aktiengesellschaft
AGB	Allgemeine Geschäftsbedingung
Aufl.	Auflage
BTGE	Bundesfachverband des türkischen Groß- und Einzelhandels
bzgl.	bezüglich
bzw.	beziehungsweise
d.h.	das heißt
et. al.	et altera
GIM	Gesellschaft für Innovative Marktforschung
ggf.	gegebenenfalls
H.	Heft
Hrsg.	Herausgeber
i. d .R.	in der Regel
IDW	Informationsdienst Wirtschaft
IT	Informationstechnologie
Jg.	Jahrgang
LEH	Lebensmitteleinzelhandel
Mio.	Millionen
Mrd.	Milliarden
o. g.	oben genannte(n)
o. J.	ohne Jahresangabe
rd.	rund
RoI	Return on Investments
S.	Seite(n)
sog.	sogenannte(n)
u. a.	unter anderem
u. U.	unter Umständen
Vgl.	Vergleiche
z. B.	zum Beispiel

1 Einleitung

Im folgenden Kapitel wird die Problemstellung, welche im Rahmen der Arbeit aufgegriffen werden soll, dargelegt. Hieraus ableitend die Zielsetzung und Vorgehensweisen erläutert.

1.1 Ausgangsposition

„Das Klischee der Gastarbeiter, der nur zu Aldi geht, stimmt längst nicht mehr."[1]

Der Fokus der vorliegenden Ausarbeitung richtet sich auf Migranten und die Potentiale, welche diesbezüglich für das unternehmerische Marketing geboten werden. Seit den 70er Jahren sind Migranten in Deutschland gleichwohl Nutzer/innen von öffentlichen Gütern als auch Dienstleistungen.[2] Jedoch wurde im Bereich der privaten Konsumgüter diese Zielgruppe, wozu zunächst türkische und im Folgeverlauf osteuropäische Bevölkerungsgruppen zählen, erst sehr spät, und zwar mit der Jahrtausendwende entdeckt.[3] Ausländische Gastarbeiter leben seit nunmehr einem halben Jahrhundert in Deutschland. Sodann die Entscheidung für einen dauerhaften Aufenthalt erfolgt, ändert sich der Status vom Gastarbeiter zum Migranten.[4] Menschen mit einem sog. Migrationshintergrund, stellen Ausländer, Aussiedler und deren Kinder sowie bereits Eingebürgerte dar und bilden einen großen Anteil, gemessen an der deutschen Bevölkerung.[5] Heute leben in Deutschland rd. 15,3 Mio. Migranten.[6] Auch für die Zukunft wird diese Zahl weiter steigen. Prognosen zufolge wird zukünftig jeder fünfte in Deutschland einen Migrationshintergrund haben.[7] Daher ist es nicht verwunderlich, dass die Bedeutung des Ethno-Marketings, welches sich an Mitmenschen ausländischer Herkunft innerhalb der eigenen Landesgrenzen richtet[8], ange-

---

[1] Bülent Bora, Vorsitzender des Bundesfachverbandes des türkischen Groß- und Einzelhandels (BTGE) in: Dengel 2002.
[2] Vgl. Gerling 2005.
[3] Vgl. Gerling 2005.
[4] Vgl. Wünsche 2009; S. 1.
[5] Vgl. Musiolik 2010; S. 21.
[6] Vgl. Wünsche 2009; S. 1.
[7] Vgl. o.V. 17.01.2010: Ethno-Marketing – Neue Kunden, neue Wege.
[8] Vgl. Wünsche 2009; S. 2.

stiegen.[9] Seit jeher haben sich unzählig viele Agenturen im Bereich des Ethno-Marketings etabliert (u.a. ENIGMA GfK, Isoplan-Institut, WFP Werbeagentur, Lab One Urban Marketing GmbH, etc.).[10] Die Potenziale für die Wirtschaft, welche durch diese Zielgruppe generiert werden können, werden als hoch eingeschätzt, wie das folgende Zitat bestätigt: „Ausländische Konsumenten als Zielgruppe: Dahinter verbirgt sich ein Millionengeschäft."[11] und es wird in diesem Kontext sogar von Ethno-Wirtschaft gesprochen.[12] Als Nutznießer werden die Finanz- und Versicherungswirtschaft, der Mode-, Wellness- und Kosmetikbereich, die Sparte der Video- und Audiotechnik, Immobilienwirtschaft, Energieversorger und der Handel, als auch der Gesundheits- und Pflegebereich gesehen.[13] Entgegen diesem Bedeutungszuwachs, befindet sich das Ethno-Marketing hierzulande noch immer in den Anfängen.[14] Auffallend ist, dass sich vermehrt deutsche Unternehmen sehr schwer mit dem Ethno-Marketing tun[15] bzw. nur ein Bruchteil der Unternehmen das vorherrschende Potential dieser Zielgruppe erkannt hat.[16] „Während viel kleinere Kundensegmente professionell bearbeitet werden, trauen sich jedoch viele Markenartikler an die markenaffinen und millionenstarken Zielgruppen der türkisch- und russischstämmigen Mitbürger nicht heran."[17]

1.2 Zielstellung und Vorgehensweise

Die Zielsetzung dieser Studienarbeit besteht darin, das Konzept des Ethno-Marketing vorzustellen und am Beispiel einer ausgewählten ethnischen Zielgruppe zu erläutern. Dies soll anhand der türkischstämmigen Bevölkerungsgruppe in Deutschland erfolgen. Denn diese zählt, nicht zuletzt aufgrund ihrer sozio-kulturellen Eigenheiten als eine der beiden größten Ethnien, die in Deutschland leben.[18] Den Zahlen zufolge beträgt die Anzahl der Personen mit türkischer Herkunft 2006 2,5 Mio.[19] und beläuft

---

[9] Vgl. Gerling 2005.
[10] Vgl. Gerling 2005.
[11] Wildberger 2006.
[12] Vgl. Gerling 2005.
[13] Vgl. Gerling 2005.
[14] Vgl. o.V. 17.01.2010: Ethno-Marketing – Neue Kunden, neue Wege.
[15] Vgl. Wildberger 2006.
[16] Vgl. Dengel 2002.
[17] Wildberger 2006.
[18] Vgl. Lindt 2008; S. 26.
[19] Vgl. Wildberger 2006; GIM (Hrsg.) 2006; S.9. Angemerkt werden muss, dass aufgrund von Verwaltungsgründen diesbezüglich kein exaktes Datenmaterial zur Verfügung steht.

sich aktuell auf 2,7 Mio.[20] Anhand von Beispielen soll im Rahmen des Marketings-Mix aufgezeigt werden, welche Möglichkeiten im Ethno-Marketing für die Bewerbung dieser Zielgruppe vorhanden sind.

Um diese Zielstellung zu einem Ergebnis zu führen, gliedert sich die vorliegende Arbeit in fünf Kapitel. Nach den einleitenden Worten, wird im zweiten Kapitel der Kulturbegriff erläutert und darauf aufbauend das Konzept des Ethno-Marketings hinsichtlich dessen Aussagegehalts, Zielsetzungen und Bedeutungszuwachs vorge-stellt. Im dritten Kapitel soll die Entwicklung der einst türkischstämmigen Gastarbeiter und die nunmehr vorherrschenden Generationen dieser Migranten aufgezeigt werden. Daran knüpft eine Marktsegmentierung, die zum einen soziodemographisch und zum weiteren psychographisch geleitet ist. Diese Analyse für das weitere marketingpolitische Vorgehen im Hinblick auf die Erarbeitung von Strategien unab-dinglich. Anschließend werden in Kapitel vier unter Hinzunahme des Marketing-Mix Möglichkeiten für die Zielgruppenanspruche der türkischen Migranten/innen präsen-tiert und diese anhand von Beispielen unterlegt. Weiterhin werden grundlegende Handlungsempfehlungen für das Ethno-Marketing formuliert. Die Arbeit endet im fünften Kapitel mit einer Zusammenfassung der wichtigsten Erkenntnisse.

---

[20] Vgl. KOM Media & Marketing GmbH.

2 Grundlagen

Ausgehend vom Kulturbegriff kann der Transfer zum Ethno-Marketing, als Variante des interkulturellen Marketings[21], hergestellt werden. Daher gilt es in einem ersten Schritt, ein Begriffsverständnis von „Kultur" zu liefern.

2.1 Kulturbegriff

Der *Kulturbegriff* als sozialwissenschaftliches Konstrukt unterliegt einer vielschichtigen begrifflichen Deutigkeit und stellt zudem ein höchst kompliziertes Phänomen dar.[22] Diese erklärt sich zum einen anhand der Veränderung der feststellbaren Sinnesverlagerungen im historischen Zeitverlauf.[23] Zum anderen wird der Begriff innerhalb verschiedenster Wissenschaftsdisziplinen verwendet, weshalb Mehrdeutigkeiten resultieren. Häufig wird auf die Staatsangehörigkeit als Abgrenzungsmerkmal zurückgegriffen. Im Gegensatz zur Kultur, kann eine Nation als politisches Konstrukt verstanden werden, welches nicht zwangsläufig auf eine einheitliche Kultur zurückzuführen ist.[24] Deshalb ist diese Sichtweise unzureichend. Die höchste Akzeptanz liefert die Definition von Kultur nach dem Soziologen Hofstede, welcher Kultur als „kollektive Programmierung des Geistes, die die Mitglieder einer Gruppe oder Kategorie von Menschen von einer anderen unterscheidet."[25] Deutlich wird hierdurch, dass die Träger einer Kultur durch die Menschen gestellt werden, die als Gruppe zueinander in Bezug stehen oder durch eine über die Kultur hinweg reichende Gemeinsamkeit als Kategorie verbunden sein können.[26] „Da Menschen stets zugleich Mitglieder mehrerer, unterschiedlich weit gefasster Gruppen sind, sind sie zeitgleich Träger verschiedener Kulturen."[27] Hieraus wiederum gehen verschiedene Kulturtypen hervor.

---

[21] Vgl. Wünsche 2009; S. 4.
[22] Vgl. Jurewicz 2005; S. 1.
[23] Vgl. Küsters 1998; S. 84ff.
[24] Vgl. Kleist 2004; S. 436.
[25] Hofstede 1993; S. 19.
[26] Vgl. Kleist 2004; S. 435.
[27] Kleist 2004; S. 436.

Die angesprochene „kollektive Programmierung des Geistes" bezieht sich auf den Tatbestand, dass jede Kultur „als ein überindividueller Prozess der Identitätsstiftung"[28] verstanden wird, welche aus der Konfrontation sowie Auseinandersetzung mit dem Fremden hervorgeht.[29] Denn dem Subjekt wird erst durch die Begegnung mit der Andersartigkeit (und durch andere, im Kollektiv) seine eigene Konstruktion bewusst.[30] Auf diese Weise eignen sich Menschen in ihrem individuellen Lebenslauf Denk-, Fühl- und Handlungsmuster an, welche sich nicht zwingend in einem bestimmten Verhalten äußern, aber dennoch gewisse Reaktionen mit hoher Wahrscheinlichkeit erwarten lassen.[31] Der Kern einer Kultur definiert sich demzufolge durch unsichtbare Werte, „die als Neigungen bestimmte Umstände anderen vorzuziehen, verstanden werden können."[32] Eine sichtbare Äußerung bzw. Manifestation verdeutlicht sich anhand von Symbolen und Ritualen (sog. deskriptive Kulturperspektive).[33]

Kultur präsentiert sich zusammenfassend als ein mehrdimensionales Konstrukt[34], welches auf Elementen wie Sprache, Religion, Normen, Werte, Herkunft und Tradition (sog. Kulturelemente) basiert, was als gemeinsamer Wissensvorrat von einer Gesellschaft bzw. Gruppe begriffen werden kann.[35] Dieser unterscheidet sich wiederum vom Inhalt her von anderen Gruppen. Bemerkt werden muss, dass die kulturelle Identität keinem Zeitpunkt als abgeschlossen gilt, sondern sich fortwährend im Rhythmus der dauerhaften Konfrontation mit dem Unbekannten erschafft.[36] Hierdurch scheiden altbekannte Muster aus und es werden neue entwickelt.

2.2 Multikulturelle Gesellschaft

Die Wanderungsbewegungen haben in letzten Dekaden zu einer Ausweitung des Pluralismus in Deutschland (aber auch anderen europäischen Gesellschaften)

---

[28] Jurewicz 2005; S. 2.
[29] Vgl. Jurewicz 2005; S. 2, nach Mario Erdheim.
[30] Vgl. Jurewicz 2005; S. 2.
[31] Vgl. Kleist 2004; S. 435.
[32] Kleist 2004; S. 435.
[33] Vgl. Hofstede 1993; S. 22ff.
[34] Anmerkung: Hofstede hat hierfür im Rahmen einer umfangreichen empirischen Untersuchung verschiedene Kulturdimensionen identifiziert, welche im Zeitverlauf ergänzt wurden (s. Anlage 1).
[35] Vgl. Wünsche 2009; S. 7f.
[36] Vgl. Jurewicz 2005; S. 2.

geführt.[37] Kennzeichnend für den Pluralismus ist die vorherrschende Vielfalt an Sinnorientierungen, Lebenswegen und –formen, was bedeutet, dass sich der einzelne Kulturträger im alltäglichen Kontakt mit verschiedenen Lebensentwürfen und Orientierungskreisen auseinanderzusetzen hat.[38]

„Das Postulat der Multikulturalität braucht überhaupt nicht aufgestellt zu werden, da es im Begriff der Kultur bereits inbegriffen ist."[39] Anlehnend an den Kulturbegriff kann deshalb gesagt werden, dass sodann mehrere kulturelle Gruppen (Ethnien) bzw. Gemeinschaften in einer Gesellschaft, welche sich durch vorgegebene Ländergrenzen definiert, zusammenleben und sich gegenseitig (indirekt oder direkt) beeinflussen, von einer multikulturellen Gesellschaft gesprochen werden kann. Multikulturalität bezieht sich auf das Miteinander von unterschiedlichen Kulturgemeinschaften.[40] Während innerhalb einer Gemeinschaft, welche Trägerin von einer bestimmten kulturellen Lebensform ist, der Prozess zwischen Selbst- und Fremdpositionierung stetig durchlaufen wird[41], ist dieser Prozess gleichfalls durch die Interaktion mit der jeweiligen Gesellschaft gegeben und führt zu einer Veränderung der einstigen kulturellen Basis (Ablehnung oder Annahme von neuen Kulturwerten, -bräuchen, -traditionen, etc.). Demnach ist eine Kultur ohne eine multikulturelle Komponente nicht vorstellbar, weil jegliche Isolation des Fremden zu einem Stillstand führen würde.

2.3 Ethno-Marketing

Das Wort „ethno" bzw. „ethnisch" ist aus dem Griechischen „ethnos" abgeleitet und bedeutet übersetzt „das Volk", weshalb vereinfacht ausgedrückt vom Volksmarketing gesprochen werden kann.[42] Der Begriff „ethnisch" wurde im deutschen Sprachgebrauch eingeführt, um historisch die damalig relativ jungen Einwanderer zu beschreiben, weil diese von der Mehrheitsgesellschaft als andersartig eingestuft wurden.[43] Der Grundgedanke des Ethno-Marketings geht zurück auf die USA. Seit den 70er

---

[37] Vgl. Bielefeldt 2005; S. 7.
[38] Vgl. Jurewicz 2005; S. 3.
[39] Jurewicz 2005; S. 2.
[40] Vgl. Jurewicz 2005; S. 3.
[41] Vgl. Jurewicz 2005; S. 2.
[42] Vgl. Musiolik 2010; S. 27.
[43] Vgl. Wünsche 2009; S. 4.

Jahren werden dort unter dem Namen „Ethnic Marketing" Marketingkonzeptionen für ethnische Minderheiten (z.B. Asiaten, Hispanos, Schwarze) unter Berücksichtigung der vorherrschenden kulturellen Eigenheiten entwickelt.[44] Ethno-Marketing richtet sich folglich an Konsumentengruppen, die eine ausländische Herkunft haben[45] und stellt eine Variante des interkulturellen Marketings dar.[46] Das interkulturelle Marketing, als Weiterentwicklung des internationalen Marketing[47], ist angehalten die besonderen Spezifika der jeweiligen Zielgruppe detailliert zu erfassen und entsprechend auf diese einzugehen.[48] Der Fokus des Ethno-Marketings richtet sich auf ausländische Minderheiten, welche „innerhalb eines kulturell weitgehenden homogenen Landes Subkulturen bilden."[49] Subkulturen beziehen sich auf die Lebensstile, welche durch die Zugehörigkeit einer Gruppe herausgebildet werden, weshalb sich die Mitglieder durch gemeinsame Erfahrungen und Überzeugungen von anderen unterscheiden.[50] Im Ethno-Marketing werden diese kulturell bedingten Unterschiede (wie der Lebensstil und die Konsumgewohnheiten) aufgegriffen und versucht, innerhalb eines bestimmten Ländermarktes zu berücksichtigen.[51] Deshalb nimmt das Ethno-Marketing bei der Zielgruppenansprache Bezug zu der jeweiligen Kultur, Sprache, Werten, Symbolen, Ritualen und der Religion.[52] Zielsetzung des Ethno-Marketings ist, eine differenzierte Zielgruppenansprache innerhalb des eigenen Landes zu ermöglichen, „so dass [...] sich [diese] aufgrund ihrer kulturellen Identität mit dem Produkt bzw. der Dienstleistung, aber auch mit dem Unternehmen identifizieren kann."[53] In Deutschland ist das Ethno-Marketing noch in den Anfängen der Entwicklung und lediglich große Unternehmen wie Daimler Chrysler, die Deutsche Telekom AG, der Otto Versand oder die Bayer AG gelten als Vorreiter im deutschen Ethno-Marketing.[54]

---

[44] Vgl. Wildberger 2006.
[45] Vgl. Musiolik 2010; S. 28.
[46] Vgl. Wünsche 2009; S. 4.
[47] Anmerkung: Das internationale Marketing bezieht sich auf die Entwicklung und Durchsetzung von Marketingstrategien außerhalb des eigenen Binnenmarktes. Erst mit der Weiterentwicklung des Interkulturellen Marketingansatzes und der Erfahrungen, welche auf den Auslandsmärkten gesammelt wurden, erfolgte eine Berücksichtigung der kulturellen Besonderheiten. Vgl. Wünsche 2009; S. 3f.
[48] Vgl. GIM (Hrsg.) 2006; S. 7.
[49] Wünsche 2009; S. 4.
[50] Vgl. Wünsche 2009; S. 22.
[51] Vgl. Wünsche 2009; S. 4.
[52] Vgl. Musiolik 2010; S. 29.
[53] Musiolik 2010; S. 28.
[54] Vgl. Dengel 2002.

Zusammenfassend kann festgehalten werden, dass Ethno-Marketing als Marketingstrategie für die Zielgruppe der ethnischen Minderheiten verstanden werden kann. Grundvoraussetzung für ein erfolgreiches Ethno-Marketing bildet die hinreichende Kenntnis über die jeweilige ethnische Minderheit, welche marketingtechnisch angesprochen werden soll. Diese Kenntnis kann mit Hilfe der Segmentierung erreicht werden, was im folgenden Kapitel am Beispiel der türkischen Migranten/innen erläutert werden soll.

3 Zielgruppe: Türkische Migranten in Deutschland

Diese zweitgrößte Gruppe der Personen, mit Migrationshintergrund in Deutschland, werden von ihren Landsleuten mit „alamanci" (Deutschling oder Deutschländer) bezeichnet.[55] Inwiefern eine derartige „Verdeutschung" bzw. Integration und Übernahme der deutschen Lebensgewohnheiten bei den türkischstämmigen Migranten vorliegt, soll nachstehend untersucht werden. Während grundsätzlich weitere Unterschiede zwischen dem Alter, Geschlecht und Bildungsweg gemacht und psychographische Merkmale wie z.B. der Lebensstil erarbeitet werden müssen, ist bei der deutschtürkischen Bevölkerungsgruppe zudem der Identifikationsgrad mit der hiesigen Kultur zu erfassen. Dies erfolgt unter Punkt 3.1.

3.1 Entwicklungsüberblick

Vorangestellt sei, dass nicht allumfassend von der Zielgruppe „Migranten" gesprochen werden kann, denn nicht nur die Migrationsmotivation, sondern auch die Migrationserfahrung und folglich auch das Konsumentenprofil unterscheiden sich maßgeblich bei der Gruppe der Migranten (z.B. zwischen Polen, Russen, Italienern, Türken, Araber, Asiaten, etc.).[56] Aufgrund des Tatbestands, dass auch innerhalb der Gruppe der deutschtürkischen Bevölkerung eine weitere Differenzierung vorgenommen werden muss, bspw. dahingehend, ob die Migranten einen engen oder weniger engen Kontakt zu ihrem Herkunftsland haben oder ob es sich um einen Familiennachzug oder bereits die Folgegeneration handelt, soll nachstehend ein Überblick bezüglich der Einwanderungswelle der türkischen Gruppe geliefert werden.

Der wirtschaftliche Aufschwung, welcher sich in Deutschland seit der Nachkriegszeit einstellte und die damals vorherrschende demographische Struktur (Ausdünnung des männlichen Geschlechts durch den Krieg, schwache Geburtenzahlen der weiblichen Kriegsgeneration, etc.), mündeten in einen Mangel an Arbeitskräften. Deshalb wurden mit dem Ausland sog. Anwerberverträge geschlossen, um diesem Defizit entgegen zu

---

[55] Vgl. Kraus-Weysser/Ugurdemir-Brincks 2002; S. 25.
[56] Vgl. GIM (Hrsg.) 2006; S. 7.

wirken. Der Anwerbervertrag mit der Türkei kam 1961 zum Abschluss.[57] Aufgrund der frühen Einwanderung besitzt die türkische Community im Vergleich zu anderen Gruppen mit Migrationshintergrund, eine hoch entwickelte Infrastruktur.[58] Die *erste Generation* der türkischen Bevölkerung erreichte Deutschland zu Beginn der 60er Jahre infolge dieses Anwerbervertrags für Gastarbeiter.[59] Für diese und die nachge-reisten Ehepartner war der Umzug primär ökonomisch geleitet, um die Familie in der Heimat durch die Arbeitsaufnahme in Deutschland zu ernähren. Deshalb wollte die Mehrheit von ihnen nach einer bestimmten Zeitspanne, mit den Ersparnissen und neu erworbenen Fachkenntnissen zurück in die türkische Heimat reisen.[60] Allerdings stellte sich keine tatsächliche Rückwanderung ein. Das Interesse an einer integrationsorien-tierten Lebensweise fiel für die erste Generation sehr gering aus, weil sie dem neuen Land mit einer sehr hohen Skepsis gegenüberstanden und sie sich gefühlt nur auf der Durchreise befanden.[61] Damit ging eine soziale Abschottung einher und die Heimat war nach wie vor die Türkei, welche entsprechend idealisiert wurde.[62] Durch gegebene intrakulturelle Kontakte wurde auf diese Weise ihre ethnische Identität aufrecht erhal-ten.[63] Es wird in diesem Rahmen auf vom Stereotyp der Türkischstämmigen gespro-chen, die noch heute bei der Mehrheit der Familienältesten in Deutschland leben.[64] In der Folgebetrachtung kann diese Gruppe außen vor bleiben, weil sie weder an den Haushalts- noch an den Konsumentscheidungen zu partizipieren scheint.[65]

Die *zweite Generation* (sog. Kindergeneration der Gastarbeiter) beschreibt die nach-gezogenen Kleinkinder sowie hier geborenen Kinder der ersten Generation.[66] Sie bilden die breite Mehrheit der deutschtürkischen Bevölkerung mit 39 Prozent und besitzen einen hohen Integrationsstatus.[67] Heute sind sie zwischen 20 bis 40 Jahre alt und werden „durch die fortwährende Suche nach der eigenen Identität als „Wanderer zwischen beiden Welten angesehen"".[68] Bei diesen kann von einem neuen bikulturel-len Lebensgefühl gesprochen werden, welches sich darin äußert, dass die teils

---

[57] Vgl. Lindt 2008; S. 26.
[58] Vgl. KOM Media & Marketing GmbH.
[59] Vgl. GIM (Hrsg.) 2006; S. 8.
[60] Vgl. Lindt 2008; S. 26.
[61] Vgl. Kraus-Weysser/Ugurdemir-Brincks 2002; S. 53.
[62] Vgl. Lindt 2008; S. 26.
[63] Vgl. Kraus-Weysser/Ugurdemir-Brincks 2002; S. 41f.
[64] Vgl. Lindt 2008; S. 26.
[65] Vgl. Lindt 2008; S. 26.
[66] Vgl. Lindt 2008; S. 26.
[67] Vgl. Lindt 2008; S. 26f.
[68] Pfister 2000 in: Lindt 2008; S. 27.

widersprüchlichen Wertevorstellungen der Heimat mit denen des Gastgeberlandes vermischt werden.[69] Diese Gruppe strebt es zudem an, dauerhaft in Deutschland zu wohnen, weshalb das Sparverhalten für eine mögliche Rückreise ins Heimatland sehr gering ausfällt.

Dagegen kennt die *dritte Generation* die Türkei nur noch von Urlaubsreisen.[70] Die Unterschiede, was die Wertevorstellungen und Lebensführung betrifft, sind im Gegensatz zu der ersten Generation überdurchschnittlich hoch. Die dritte Generation lässt sich durch einen hohe Individualisierung der Verhaltens- und Wertorientierung kennzeichnen.[71] Sie klassifizieren sich weder als Türken noch als Deutsche, weil sie überwiegend in Deutschland geboren sind und für dieses Land auch eine Heimatverbundenheit spüren.[72] Zum Großteil handelt es sich bei dieser Gruppe um Jugendliche mit einem Alter unter 20 Jahren.[73] Wesensmerkmal ist eine symbiotische Identität aufgrund der gegebenen zwei Bezugswelten, in denen sie sich bewegen. In dem Suchprozess nach Identität finden die Jugendlichen zumeist Zuflucht in einer eigenen, neuen Kultur oder eben in der Kultur ihrer Eltern, wobei sie diese anders definieren und folglich einen Gegensatz aus Moderne und Tradition in sich tragen.[74] Im Gegenzug kann gesagt werden, dass ein Teil der jungen Türkischstämmigen traditionell, islamisch geprägten Vorstellungen und Verhaltensmustern folgt, um sich von der deutschen Mehrheitsgesellschaft abzugrenzen. Bei dieser Gruppe liegt ein sog. Werte-Konservatismus vor, der konservativere Einstellungen der hierzulande lebenden Türken zu Folge hat, als es der Fall bei den gleichaltrigen Landsleuten ist.[75]

Zusammengefasst ist zu sagen, dass bei den türkischstämmigen Migranten von einem Spannungsfeld zwischen Kulturalisierung versus Migrationserfahrung gesprochen werden kann.[76] Zum einen ist dies durch die generationsspezifische Entwicklung geleitet, zum anderen ist feststellbar, dass mit zunehmendem Integrationsgrad, die Differenzierung in den jeweiligen Generationen ansteigt. Deshalb bilden sich weitere

---

[69] Vgl. Lindt 2008; S. 27.
[70] Vgl. GIM (Hrsg.) 2006; S. 8.
[71] Vgl. Lindt 2008; S. 27.
[72] Vgl. Lindt 2008; S. 27.
[73] Vgl. Lindt 2008; S. 27.
[74] Vgl. Lindt 2008; S. 27.
[75] Vgl. Lindt 2008; S. 27.
[76] Vgl. GIM (Hrsg.) 2006; S. 8.

Subkulturen heraus, die im Vergleich zueinander sehr heterogen sind.[77] Es stehen nach Kraus-Weysser/Ugurdemir-Brincks 2002 weltgewandte, unpolitische Yuppies den engagierten Intellektuellen oder den innovativen Protagonisten gegenüber.[78]

3.2 Marktsegmentierung

Die kulturelle Herkunft ist prägend für das Konsumverhalten und die Wertehaltung.[79] Konkret ausgedrückt, bedeutet dies, dass die „alte" Heimatkultur sowie der Integrationsstand innerhalb der „neuen" Heimatkultur Entscheidungsabläufe und Kaufprozesse steuern.[80] Deshalb bedarf es im Hinblick für ein erfolgreiches interkulturelles Marketing folgende Fragen aufzugreifen und mit Hilfe der Marktforschung zu beantworten[81]:

- Wo ist der Konsument?

- Wer ist tatsächlich für die Kaufentscheidung verantwortlich?

- Wer genau soll innerhalb der Zielgruppe erreicht werden?

- Welche kulturellen Besonderheiten liegen vor?

- Welche davon können nutzbar gemacht werden? Wo sind eventuelle Fallstricke zu sehen?

- Wie kann eine sinnvolle und effektive Forschung betrieben werden?

- Welche inhaltlichen und ästhetischen Grundregeln sind im Rahmen der Kommunikation zu berücksichtigen?

- Wie realistisch ist der Erfolg der Kommunikationskampagne?

Mit Hilfe von Segmentierungen kann ein erleichterter Zugang zu der jeweiligen Zielgruppe geschaffen werden, weil aufbauend aus diesen Erkenntnissen grundlegende Strategien entwickelt werden können.[82] Damit eine Segmentierung sinnvoll ist,

---

[77] Vgl. Lindt 2008; S. 28.
[78] Vgl. Kraus-Weysser/Ugurdemir-Brincks 2002; S. 81.
[79] Vgl. GIM (Hrsg.) 2006; S. 5.
[80] Vgl. GIM (Hrsg.) 2006; S. 5.
[81] Vgl. GIM (Hrsg.) 2006; S. 5.
[82] Vgl. GIM (Hrsg.) 2006; S. 30.

bedarf es dem Rückgriff auf differenzierte Wertewelten, der Betrachtung des Konsumverhaltens und gegebener Beeinflussungsdynamiken zwischen den jeweiligen
Segmenten.[83] Erst auf dieser Basis können die einzelnen Segmente genau be-
schrieben werden.

3.2.1 Soziodemographische Merkmale

Um aus der gegebenen Heterogenität eine homogene Clusterung zu erhalten, sind
soziodemographische Merkmale (Alter, Geschlecht, Einkommen, Haushaltsgröße
und Wohnort) zu erfassen. Derartige Daten sind messbar und folgen quantitativen
Segmentierungskriterien.[84]

Der Anteil der türkischstämmigen Migranten beläuft sich auf 2,7 Mio., je nach Status
der Einbürgerung, was von der Größe her der Bevölkerungszahl in Schleswig-
Holstein entspricht.[85] Von diesen haben 908.000 die deutsche Staatsbürgerschaft,
jedoch die Mehrheit (1.764.000) die türkische Staatsbürgerschaft.[86] Die deutsche
Staatsbürgerschaft ist derweil seitens der deutschtürkischen Bevölkerung von
lediglich 15 Prozent beantragt worden, indes 36 Prozent eine Antragsstellung planen,
jedoch 49 Prozent von einer Beantragung gänzlich absehen.[87] 64,1 Prozent erwägen
keine Rückkehr in die Türkei, sondern möchten gern in Deutschland wohnen bleiben.[88] Demgegenüber streben ca. 30,6 Prozent eine Rückkehr in die Türkei an.[89]

Lokal verteilen sich die 700.000 Haushalte mit einem Drittel auf die städtischen
Zentren in Nordrhein-Westfalen, weshalb dieses Bundesland auch als „Türkenzent-
rum" tituliert ist.[90] Dies ist auf die Niederlassung der Gastarbeiter in den deutschen
Industrieregionen zurückzuführen. Auch die Hauptstadt Deutschlands, Berlin, gilt als
drittgrößte türkische Metropole auf der Welt.[91]

---

[83] Vgl. GIM (Hrsg.) 2006; S. 30.
[84] Vgl. Lindt 2008; S. 28.
[85] Vgl. Lindt 2008; S. 28; KOM Media & Marketing GmbH.
[86] Vgl. KOM Media & Marketing GmbH.
[87] Vgl. GIM (Hrsg.) 2006; S. 12.
[88] Vgl. GIM (Hrsg.) 2006; S. 16.
[89] Vgl. GIM (Hrsg.) 2006; S. 16.
[90] Vgl. Olthof 2003 in: Lindt 2008; S. 28.
[91] Vgl. Jurewicz 2005; S. 1.

Die Haushaltsgröße beläuft sich auf eine durchschnittliche Anzahl von vier Personen[92], was im Vergleich zu Deutschland, welches durch eine stete Zunahme der Ein- bis Zweipersonenhaushalte dominiert ist, als sehr hoch beurteilt werden kann. Demographisch betrachtet, geht die Haushaltsgröße mit der Geburtenrate einher, welche für die Türkinnen bei 2,2 Kindern pro Frau liegt[93] und in den Deutschland den Prognosen folgend, 1,3 beträgt. Die hohe Geburtenziffer für die Türken wird auch dadurch bedingt, dass mit steigender Kinderzahl der Status und das Ansehen einer Familie ansteigt.[94] Hinzukommt, dass sehr viele junge türkischstämmige Menschen lange zuhause bei den Eltern leben, was gleichwohl ein Indikator für die Haushaltsgröße ist.[95]

Was die Religionszugehörigkeit betrifft, kann gesagt werden, dass mehr als die Hälfte (72,8 Prozent) gläubig bis stetig gläubig sind.[96] 20,9 Prozent geben an, liberal gläubig zu sein und nur ein geringer Teil (6,2 Prozent) ist sehr wenig gläubig.[97] Die Mehrheit der deutschtürkischen Bevölkerung ist dem sunnitisch-orthodoxen Islam angehörig (rd. 68 Prozent).[98] Weitere 25 bis 30 Prozent sind den Aleviten (Kurden[99]) zugehörig und ein sehr kleiner Anteil wird durch Jeziden und Christen gebildet.[100]

Wird die Altersstruktur evaluiert, präsentiert sich die deutschtürkische Bevölkerungsgruppe im Vergleich zur deutschen, als jung, denn mehr als drei Viertel der türkischstämmigen Einwohner ist unter 45 Jahre alt.[101] Die Deutschtürken stellen folglich eine junge Bevölkerungsgruppe dar: So beträgt der Anteil der Personen unter 30 Jahren 53 Prozent, indes er für Deutschland bei 34 Prozent liegt.[102] Folglich überwiegt die Gruppe der Bikulturellen. Als bikulturell werden seitens Fraunberg 2006 türkische Migranten/innen eingeordnet, die ein Alter zwischen 29 bis 39 Jahre haben, mehrheitlich dem weiblichen Geschlecht angehören, keinerlei sprachliche Probleme

---

[92] Vgl. Lindt 2008; S. 28f.
[93] Vgl. Strittmatter: Babypause am Bosporus.
[94] Vgl. Lindt 2008; S. 29.
[95] Vgl. Lindt 2008; S. 29.
[96] Vgl. GIM (Hrsg.) 2006; S. 15.
[97] Vgl. GIM (Hrsg.) 2006; S. 15.
[98] Vgl. GIM (Hrsg.) 2006; S. 10.
[99] Anmerkung: Sehr viele türkische Kurden sind sog. Aleviten, welche wie bspw. die sunnitischen Kurden und alevitischen Türken eine Mischform darstellen. Zwischen den Türken und den türkischen Kurden sind historisch gewachsene politische Konflikte vorherrschend, bei welchem ein Unterdrückungsverhältnis der Kurden feststellbar ist.
[100] Vgl. GIM (Hrsg.) 2006; S. 10.
[101] Vgl. Lindt 2008; S. 28.
[102] Vgl. KOM Media & Marketing GmbH.

haben und sehr offen sowie selbstbewusst mit anderen Menschen und Kulturen um- und gleichsam auf diese zugehen.[103]

Einer Untersuchung zufolge sprechen rd. 46 Prozent der türkischen Migranten/innen mehrheitlich Türkisch, 24 Prozent überwiegend Deutsch und bei 30 Prozent beträgt das Verhältnis zwischen Türkisch und Deutsch 50:50.[104] Dennoch ist die Beherrschung der deutschen Sprache im privaten Umfeld für 74,8 Prozent sehr wichtig und für 19,8 Prozent wichtig, wohingegen der Anteil, welchem die Sprachbeherrschung weniger oder gar unwichtig ist, marginal bei 5,6 Prozent liegt.[105]

3.2.2 Psychographische Segmentierung

Bei der psychographischen Segmentierung werden grundlegende Einstellungen, Wertevorstellungen und Lebensstile erfasst, um hiervon Rückschlüsse auf das Kaufverhalten schließen zu können. Was die Werteorientierung betrifft, zählt Selbstbewusstsein, Stolz und Unabhängigkeit zu den Werten der türkischen Migranten/innen, weshalb der Gruppe generell ein hohes Wertebewusstsein zugeschrieben werden kann.[106] In Anlehnung an Hofstede kann im Vergleich der Türken gegenüber den Deutschen folgende grundlegende Wertehaltung herausgestellt werden. Im Hinblick auf die Einteilung der Migranten in die erste, zweite und dritte Generation, ist das nachstehende Schaubild den traditionellen türkischstämmigen Migranten zuzuweisen und besitzt eine untergeordnete Relevanz für Gruppen, die derweil einen hohen Integrationsgrad vorzeigen.

---

[103] Vgl. Fraunberg 2006; S. 183.
[104] Vgl. GIM (Hrsg.) 2006; S. 11.
[105] Vgl. GIM (Hrsg.) 2006; S. 13.
[106] Vgl. GIM (Hrsg.) 2006; S. 21.

MACHTDISTANZ	INDIVIDUALISMUS/KOLLEKTIVISMUS
Wert: 66; Rang: 18/19 (von 53)	Türkei: 37; Rang: 28
Deutschland 35; Rang 42/44	Deutschland: 67, Rang: 15
UNSICHERHEITSVERMEIDUNG	MASKUNLINITÄT
Wert: 85; Rang: 16/17 von 53	Türkei: 45, Rang 32/33
Deutschland: 65; Rang: 29	Deutschland: 66/ Rang 9/10

Quelle: Eigene Darstellung in Anlehnung an: Kutschker/Schmid 2008; S. 718-727

Abb. 1: Gegenüberstellung der türkischen und deutschen Kulturdimensionen[107]

Wird als Beispiel der Kollektivismus herausgegriffen, rangiert die Türkei auf Platz 28, weshalb davon und im Vergleich zu Deutschland gesagt werden kann, dass bei der türkischstämmigen Bevölkerung ein stark ausgeprägtes Gruppenbewusstsein vorherrscht. Dies wird seitens anderer Ausführungen bestätigt. Nach diesen ist es auffallend, dass die deutschtürkische Bevölkerung sehr stark emotional innerhalb der türkischen Gemeinschaft eingebunden ist.[108] Die starke Ausprägung des Kollektivismus bekräftigt sich auch an dem Fakt, dass bei den deutschtürkischen jüngeren Bevölkerungsgruppen eine hohe Gruppenorientierung, in Form eines großen Freundeskreises vorliegt.[109] Es kann in diesem Kontext folglich von einem türkischen Lebensstil gesprochen, der weitaus emotionaler gestaltet ist als die deutsche Umgebung.[110]

Auch erscheinen ihnen Werte wie Tradition und Ehre als wichtig, indes streng religiöse und kulturelle Wertvorstellungen (wie z.B. die traditionellen Geschlechterrollen) von der zweiten und dritten Generation rigoros abgelehnt werden.[111] Der *ersten Generation* der deutschtürkischen Bevölkerung dagegen wird eine bäuerlich traditionelle Wertewelt zugewiesen und zudem von einem niedrigen Bildungsgrad ausgegangen.[112] Bei der *zweiten Generation* kann die Übernahme der elterlichen Werte-

---

[107] Die Langfristorientierung wurde für die Türken nicht erfasst.
[108] Vgl. Susan Fuchs, Unit Director GIM in: Fraunberg 2006; S. 183.
[109] Vgl. GIM (Hrsg.) 2006; S. 21.
[110] Vgl. Susan Fuchs, Unit Director GIM in: Fraunberg 2006; S. 184.
[111] Vgl. Fraunberg 2006; S. 184.
[112] Vgl. GIM (Hrsg.) 2006; S. 8.

welt festgehalten werden, welche gleichfalls bei dieser Generation aufrechterhalten wird.[113] Diese sog. bikulturellen Deutschtürken entstammen mehrheitlich der türkischen Mittelschicht.[114] Der Großteil von ihnen wurde in der Türkei geboren und ist während der Kindheit nach Deutschland migriert. Deshalb kann die Erziehung im Vergleich zum Heimatort als liberaler eingestuft werden.[115] Immerhin haben 35 Prozent der deutschtürkischen Bevölkerung eine liberale moderne türkische Erziehung erfahren, und 54 Prozent haben eine traditionell-türkische Erziehung genossen, wobei bei 11 Prozent eine Mischform vorliegt.[116]

Analog verhält es sich mit dem Lebensstil, bei welchem gleichfalls türkischer Pop bis Soul und R'n'B bei den 29- bis 39jährigen deutschtürkischen Bevölkerungsgruppen eine Rolle spielen.[117]

Speziell für die *dritte Generation* können zwei Bezugswelten und zwar die Türkei und Deutschland herausgestellt werden[118]:

- Bei dieser Gruppe liegt ein Wertemix vor und zwar dahingehend, dass eine Verbindung zwischen den deutschen Werten (z.B. deutsche Pünktlichkeit) und den türkischen (z.B. türkische Gastfreundschaft) vorliegt.

- Die dennoch vorherrschende traditionelle Prägung, als auch die gegebene Arbeits- und Perspektivlosigkeit aufgrund der geringen Schulbildung erklärt die starke Einbindung in das eigene türkische Umfeld.

- Ferner ist der Wunsch nach Integration und einer Teilhabe am Konsumleben, und der Besitzgedanke mittels einer Statusaufwertung stark ausgeprägt. Daher ist auch nicht verwunderlich, dass mehr als die Hälfte der türkischen Migranten/innen einen PkW besitzt (69 Prozent).[119] Deutlich wird, dass sich die *dritte Generation*, welche die jüngere Generation stellt, sehr stark von der Einwanderergeneration unterscheidet. Dennoch bestehen integrative als auch abgrenzende Tendenzen.[120]

---

[113] Vgl. GIM (Hrsg.) 2006; S. 8.
[114] Vgl. Fraunberg 2006; S. 183.
[115] Vgl. Fraunberg 2006; S. 183.
[116] Vgl. GIM (Hrsg.) 2006; S. 15.
[117] Vgl. Fraunberg 2006; S. 184.
[118] Vgl. GIM (Hrsg.) 2006; S. 8.
[119] Vgl. GIM (Hrsg.) 2006; S. 19.
[120] Vgl. GIM (Hrsg.) 2006; S. 8.

3.2.3 Kaufkraft und Konsumverhalten

Das durchschnittliche Familiennettoeinkommen von einem türkischen Haushalt (im Ruhrgebiet) beläuft sich auf 2.188€ im Monat (Stand: 2000).[121] Hiervon werden 1.671€ für die Lebensunterhaltung und den Konsum verwendet und weiterhin 447€ angespart.[122] Folglich werden rd. 97 Prozent in Deutschland konsumiert und der angesparte Teil in die Türkei transferiert.[123] Wird, bezogen auf das Ruhrgebiet eine Aufrechnung vorgenommen, beträgt das jährliche Haushaltsnettoeinkommen von allen türkischen Haushalten 22,1 Mrd. €, wovon 1,7 Mrd. € für den Lebensunterhalt und Konsum verwendet und 456 Mio. € gespart werden.[124] Für den Konsum stehen ca. 12,2 Mrd. € zur Verfügung.[125] Andere Untersuchungen schätzen das Einkommen auf 15,5 Mrd. € netto[126] oder 18 Mrd. €.[127], bzw. wird sogar von einer Kaufkraft von 20 Mrd. €[128] ausgegangen. Die größten Kaufkraftpotentiale werden eher bei jüngeren Migranten, als bei den älteren, gesehen.[129] 97 Prozent der zur Verfügung stehenden Kaufkraft wird in Deutschland ausgegeben.[130] Der Beitrag am deutschen BIP wird auf 42 Mio. € beziffert.[131] Obwohl die Sparquote überwiegend bei der ersten Generation sehr hoch eingestuft werden kann, bildet das jährliche Sparvolumen von 25,6 Mrd. dennoch ein interessantes Betätigungspotential für die Finanzwirtschaft.[132]

Was das Kaufverhalten betrifft, sei auf die Klassifizierung von GIM zurückgegriffen. Wird diese Wertesegmentierung von GIM zugrundegelegt (s. Anlage 3), erfolgt eine Einordnung entsprechend sechs Werten (postmaterialistisch, hedonistisch, individualistisch, sozial, traditionell, materialistisch). Für die türkischstämmigen Migranten/innen ergibt sich diesbezüglich folgendes Resultat.

---

[121] Vgl. Gerling 2005, Einer aktuelleren Studie zufolge beträgt das monatliche Haushaltsnettoeinkommen 2.120€, vgl. hierzu: KOM Media & Marketing GmbH (Hrsg.).
[122] Vgl. Projekt Ruhr 2002 in: Gerling 2005.
[123] Vgl. Wildberger 2006.
[124] Vgl. Projekt Ruhr 2002 in: Gerling 2005.
[125] Vgl. Dengel 2002.
[126] Vgl. Dengel 2002.
[127] Vgl. Wildberger 2006.
[128] Vgl. KOM Media & Marketing GmbH (Hrsg.).
[129] Vgl. Gerling 2005.
[130] Vgl. Lindt 2008; S. 29.
[131] Vgl. Kraus-Weysser/Ugurdemir-Brincks 2002; S. 8.
[132] Vgl. Lindt 2008; S. 29.

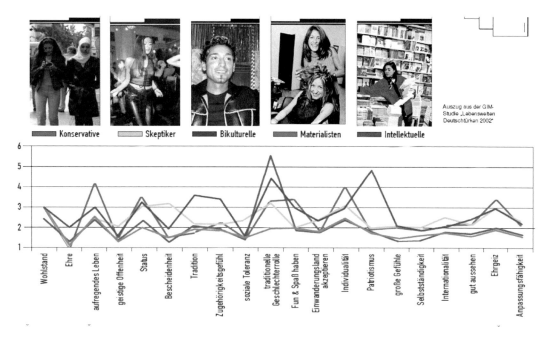

Quelle: GIM (Hrsg.) 2006; S. 33

Abb. 2: Segmentierung der türkischen Migranten/-innen nach GIM 2002

Diesen Ergebnissen folgend, konnte für die deutsch-türkische Bevölkerungsgruppe folgende Segmentierung erwirkt werden:

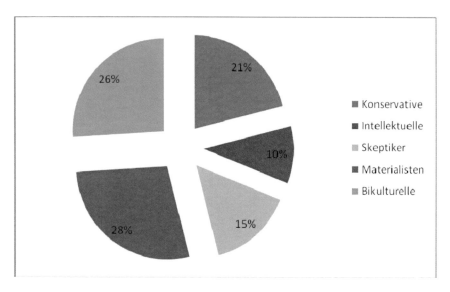

Quelle: Eigene Darstellung in Anlehnung an GIM (Hrsg.) 2006; S. 34

Abb. 3: Zielgruppenklassifizierung der türkischen Migranten/-innen nach GIM 2002

Die „Konservativen" zeichnen sich durch eine hohe Bescheidenheit aus und halten, was das Konsumverhalten betrifft, Ausschau nach Sonderangeboten.[133] Demgegenüber gelten die „Bikulturellen" als Extremshopper und kaufen zudem gern auf Empfehlung. Im Gegensatz zu der eher spartanischen Lebensweise der Eltern, ist bei der zweiten Generation eine hohe Konsumneigung feststellbar.[134] „Die bikulturellen Deutschtürken sitzen nicht zwischen, sondern auf zwei Stühlen: Aufgeschlossen und selbstbewusst bewegen sie sich in beiden Kulturkreisen."[135]

Dagegen investiert die Gruppe der „Skeptiker", welche überwiegend durch Männer gebildet wird, Geld in Unterhaltungselektronik, und zeichnet sich durch eine Perspektivlosigkeit aus.[136] „Materialisten" gehören der ersten und/oder zweiten Generation an, denn sie sind mehrheitlich in der Türkei geboren, haben daher eine hohe Religionszugehörigkeit und starke Religionsausübung und sind dennoch durch ein hohes Mode- und Markenbewusstsein zu kennzeichnen.[137] Die „Intellektuellen" stehen Neuheiten offen gegenüber und können generell als weltoffen charakterisiert werden.[138]

Zusammengefasst bieten diese fünf Gruppen einen Querschnitt des türkischen Lebens. Bemerkt werden muss, dass die dritte Generation in dieser Klassifizierung nur unzureichend berücksichtigt wird, und dies, obwohl sie mit einer hohen Kaufkraft (aufgrund der Ersparnisse der Eltern und Großeltern) ausgestattet ist, ein hohes Markenbewusstsein besitzt und auf diesem Wege versucht, ihren Status aufzuwerten.[139] Folglich ist auch bei dieser Generation ist, bedingt durch den individualisierten Lebensstil sowie dem Wunsch nach gesellschaftlicher Teilhabe das Konsumleben stark ausgeprägt.[140]

---

[133] Vgl. Informationsdienst Wirtschaft 20.02.2002.
[134] Vgl. Lindt 2008; S. 27.
[135] Fraunberg 2006; S. 183.
[136] Vgl. Informationsdienst Wirtschaft 20.02.2002.
[137] Vgl. Informationsdienst Wirtschaft 20.02.2002.
[138] Vgl. Informationsdienst Wirtschaft 20.02.2002.
[139] Vgl. Lindt 2008; S. 27.
[140] Vgl. Lindt 2008; S. 27.

3.3 Weitere Marketingrelevante zielgruppenspezifische Aspekte

Neben der hohen Kaufkraft, kann weiter angeführt werden, dass türkische Migranten einen hohen Wert auf Qualitätsprodukte legen.[141] Häufig wird Qualität mit Marke gleichgesetzt. Generell haben ausländische Mitbürger ein hohes Markenbewusstsein und sind im Vergleich zu Deutschen gegenüber neuen Produkten sehr aufgeschlossen. Beträgt der Anteil für Deutsche hier 62 Prozent, beträgt er bei den Ausländern 82 Prozent.[142] Marken liefern den türkischen Migranten/innen eine wichtige Orientierungshilfe und werden zudem als Kultur-Brücke wirksam.[143] Dieses Markenbewusstsein haben die jüngeren Schichten der Deutschtürkischen Bevölkerung von den älteren Generationen vermittelt bekommen, durch welche Marken mit Qualität gleichgestellt werden.[144] „Von ihrem Elternhaus her sind sie eine starke Orientierung an deutsche Marken gewöhnt, die sie weitgehend übernommen haben, auch wenn sie nun in beiden Kulturen fest verwurzelt sind."[145] Das Markenbewusstsein ist folglich dem Qualitätsbewusstsein gleichzusetzen. Dennoch lässt sich für diese Zielgruppe kein „Blind-Konsum" konstatieren, vielmehr durchlebten auch türkische Migranten/innen den Wandel der 90er Jahre, die Beziehung zwischen Konsument und Marke betreffend.[146] Deshalb dient die Marke heute nicht mehr ausschließlich zur Selbstdarstellung, sondern erlangt vielmehr den Status, dass sich etwas gegönnt wird, weshalb die Markenbeziehung eher als kritisch, aber dennoch mit „treu" bewertet werden kann.[147] Werden die Konsumvorlieben näher untersucht, ist feststellbar, dass türkische Lebensmittel- sowie Bekleidungsmarken im Markenmix mit eingebunden werden.[148]

Das Trendbewusstsein aufgreifend, sei herausgestellt, dass die jüngere Gruppe der türkischen Migranten/innen nicht nur Trends aufgreifen, sondern gleichfalls in der Lage sind, diese zu multiplizieren.[149] Aufgrund des interkulturellen Umfelds, im Rahmen des Freundes- und Bekanntenkreis, welcher durch mehrere Nationalitäten geprägt ist, wirken sie gleichfalls als Trendsetter und zwar dahingehend, dass Eigen-

---

[141] Vgl. Dengel 2002.
[142] Vgl. Wildberger 2006.
[143] Vgl. Fraunberg 2006; S. 183.
[144] Vgl. Fraunberg 2006; S. 183.
[145] Godehard Wakenhut; Studienleiter bei GIM in: Fraunberg 2006; S. 183.
[146] Vgl. Fraunberg 2006; S. 183.
[147] Vgl. Fraunberg 2006; S. 183.
[148] Vgl. Fraunberg 2006; S. 184.
[149] Vgl. Fraunberg 2006; S. 184.

heiten der türkischen Lebenswelt innerhalb der deutschen transferiert werden (z.B. Shisha Wasserpfeifen, Süßigkeit „Lokum", türkische Jeans Mavi, der Superstar „Tarkan").[150]

Inwiefern diese Merkmalserscheinungen bzw. Charakteristika der türkischstämmigen Zielgruppe im Rahmen des Marketings verwertet werden, soll im Folgenden untersucht werden.

---

[150] Vgl. Fraunberg 2006; S. 184.

4 Umsetzung des Ethno-Marketings

Für die Realisierung des Ethno-Marketings sei nunmehr der Marketing-Mix geprüft und anhand von diesem allgemein die marketingpolitischen Möglichkeiten aufgezeigt und ferner anhand von konkreten Beispielen unterlegt.

4.1 Realisierung am Beispiel des Marketing-Mix

In allen Instrumentalbereichen, die der Marketing-Mix bereithält, sind abgestimmt auf die türkischen Migranten, das Differenzierungs- oder gar Standardisierungsausmaß festzulegen.[151]

4.1.1 Produktpolitik

Die Produktgestaltung bzw. das Leistungsprogramm eines Unternehmens ist das Kernstück im Marketing-Mix und besitzt gleichwohl eine hohe Relevanz im interkulturellen Bereich.[152] Bei der Produktpolitik wird die Frage betrachtet, welche Leistungen am Markt offeriert werden sollen.[153] Der Produktkern wird durch dessen Grundfunktion gebildet, welche diejenigen Eigenschaften umfasst, die eine reine Funktionserfüllung gewähren sollen, weshalb in diesem Kontext auch von dem sog. Grundnutzen gesprochen wird.[154] Dieser originäre Grundnutzen ist in den meisten Produktkategorien weltweit gleich[155], weshalb der Wettbewerb, im Hinblick auf interkulturelle zielgruppenspezifische Besonderheiten an dem Zusatznutzen anknüpfen muss. Der Zusatznutzen ist Ergebnis der Produktattribute wie z.B. der Marke, Verpackung, dem Design und der Qualität und kann zusätzlich Nebenleistungen (u.a. Garantie, After-Sales-Services) umfassen.[156] Bspw. weisen Türken eine hohe Vorliebe für Statussymbole aus (wie z.B. Autos oder schicke Mobiltelefone).[157]

---

[151] Vgl. Backhaus/Büschken/Voeth 2003; S. 197.
[152] Vgl. Berndt/Altobelli/ Sander 2005; S. 206.
[153] Vgl. Breitschuh/Wöller2007; S. 3.
[154] Vgl. Berndt/Altobelli/ Sander 2005; S. 206; Backhaus/Büschken/Voeth2003; S. 201.
[155] Vgl. Berndt/Altobelli/ Sander 2005; S. 206.
[156] Vgl. Berndt/Altobelli/ Sander 2005; S. 206.
[157] Vgl. o.V.: Starke Zielgruppe: Türken in Deutschland; Dengel 2002.

Hinsichtlich des Ethno-Marketings sei folgende Anforderungen an die Produktpolitik aufgegriffen: Da der Produktkern weltweit standardisiert ist, muss eine „länderspezifische [bzw. zielgruppenspezifische] Anpassung im Rahmen einer Differenzierungsstrategie durch Modifikation der ergänzenden Produktattribute und Nebenleistungen erfolg[en]."[158]

Die im Rahmen der Produktpolitik eingeräumten Handlungsalternativen sind sehr vielfältig und beziehen sich auf die Produktentwicklung, Leistungsprogramm-, Marken- und Servicepolitik. Zunächst sei die *Produktentwicklung* näher fokussiert. Nachstehende Abbildung gewährt diesbezüglich einen Überblick:

Basisstrategie / Produkt	Standardisierung	Differenzierung
gleiches Produkt (Transfer / Übertragung)	Transfer der bisherigen Produktkonzeption auf interkulturelle Zielgruppen	-
verändertes Produkt (Adaption)	Entwicklung einer völlig neuen Produktvariante, abgestimmt auf Erfordernisse des Weltmarkts	Zielgruppenspezifische Anpassung der bisherigen Produktkonzeption
Neues Produkt (Kreation)	Entwicklung eines neuen Produkts (Innovation) für den Weltmarkt	Entwicklung neuer Produkte für die einzelnen ausländischen Zielgruppen

Quelle: Eigene Darstellung in Anlehnung an: Berndt, R./Altobelli, C. F./ Sander, M. 2005; S. 206.
Abb. 4: Produktpolitische Strategien im interkulturellen Kontext

Standardisierung bedeutet, dass ein Produkt bzw. eine Dienstleistung bspw. weltweit oder bezogen auf eine Region einheitlich offeriert wird.[159] Gemäß der Abbildung beziehen sich die typischen Handlungsfelder der Produktpolitik, auf die Produktvariation, der Produktinnovation und Produktdifferenzierung. Während bei der Produktvariation eine neue Produktvariante eingeführt wird, erfolgt im Rahmen der Differenzierung eine zielgruppenspezifische Anpassung von einzelnen Produkteigenschaften, indes die Innovation völlig neue Produkte hervorzubringen vermag.[160] Insbesondere

---

[158] Berndt/Altobelli/ Sander 2005; S. 206.
[159] Vgl. Breitschuh/Wöller2007; S. 3.
[160] Vgl. Berndt/Altobelli/ Sander 2005; S. 207.

die Differenzierung, welche auf eine Anpassung an länder- bzw. zielgruppenspezifische Besonderheiten abzielt, scheint im interkulturellen Kontext geeignet. Denn während die Standardisierung auf Massenproduktion ausgerichtet ist, kann mittels der Differenzierung eine stärkere Marktorientierung und Kundenzufriedenheit erreicht werden.[161] Das Standardisierungspotential wird wiederum von dem Grad der Kulturgebundenheit von einem Produkt bedingt.[162] So besteht bei kulturfreien Gütern (bspw. Luxusgüter, High Tech Artikel) ein hohes Standardisierungspotential, indes bei Produkten (z.B. traditionelle Kleidung, bestimmte Lebensmittel, etc.), die tief in die Kultur verwurzelt sind, die Standardisierung sehr schwierig zu realisieren ist.[163] Nachstehende Abbildung liefert hierfür einen Überblick:

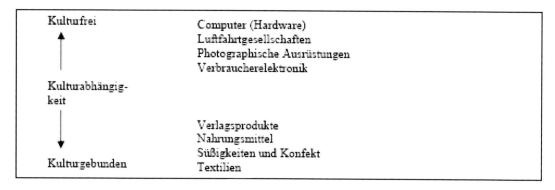

Quelle: Witt (2006); S. 11.

Abb. 5: Übersicht über die Kulturgebundenheit von Produkten

Bei kulturfreien Produkten sind folglich keine Anpassungen notwendig, weshalb ein Standardprodukt offeriert werden kann. Bspw. bietet Mercedes-Benz modifizierte Fahrzeuge für türkischstämmige Migranten/innen an.[164]

Im Bereich IT/Neue Medien zählen sog. Ethnoportale (u.a. Vaybee, turkdunya.de) zu ethno-orientierten Produkten bzw. Dienstleistungen.[165] Bezogen auf die türkischen Migranten bedeutet dies folglich für die Produktadaption, dass ein „gemeinsamer Nenner" gesucht werden muss, der den Gesamtbedürfnissen der Zielgruppe der Türken gerecht wird. Zur Informationsgewinnung kann das sog. Perceptual Mapping

---

[161] Vgl. Breitschuh/Wöller2007; S. 3.
[162] Vgl. Wünsche 2009; S. 26.
[163] Vgl. Wünsche 2009; S. 26.
[164] Vgl. Witt 2006; S. 12.
[165] Vgl. Gerling 2005.

verwendet werden. Diese Technik beruht auf der Annahme, dass die subjektive Wahrnehmung von einem Produkt auf einer Vielzahl der jeweiligen Produktattributionen beruht, weshalb die wahrgenommenen Ausprägungen dieser Produktmerkmale auf Seiten der Konsumenten mittels statistischer Methoden (u.a. Faktorenanalyse, Multidimensionale Skalierung) auf nur sehr wenige Beurteilungsdimensionen reduziert wird.[166] Auf diesem Wege können wertvolle Hinweise für notwendige Veränderungen gewonnen werden.

Die *Leistungsprogrammpolitik* bezieht sich auf die konkrete Sortimentszusammensetzung und umfasst folglich Entscheidungen bezüglich der Anzahl und der Art der Produkte pro Warengruppe, die dem Konsumenten offeriert werden. Generell stehen im Bereich des internationalen Marketings drei Handlungsalternativen zur Verfügung: Zum einen kann das bisherige Sortiment entsprechend auf die Auslandsmärkte[167] bzw. im vorliegenden Fall auf die Zielgruppe der deutsch-Türken übertragen werden. Zum anderen kann eine Sortimentskürzung oder –erweiterung vorgenommen werden. Bspw. bedient sich die Finanzwirtschaft dieser Zielgruppe und bietet neben einer türkischen Investmentfondsberatung, auch Vorsorgeberatungen an (z.B. Al Sukoor European Equity Fund).[168] Die Sortimentszusammensetzung bzw. das Produktportfolio wurde folglich um die Serviceelemente für türkischstämmige Kunden erweitert, allerdings die Zusammensetzung beibehalten und entsprechend die Bedürfnisse auf die Produkte adaptiert. Gerade für den Einzelhandel, erscheint die Sortimentserweiterung el als eine geeignete Strategie für türkische Migranten. Denn wenn z.B. in einem Lebensmittelwarenhaus türkische Produkte angeboten werden, schließt dies gleichwohl Zusatzkäufe für das bestehende Sortiment ein.

Ein weiteres Handlungsfeld bei der Produktpolitik bietet die *Markenpolitik*. Verbraucher verbinden mit der Marke bestimmte Produkteigenschaften[169], wie z.B. die deutschtürkischen Migranten/innen mit einer Marke unweigerlich Qualitätsattributionen in Verbindung setzen (s. Punkt 3.3). Speziell im internationalen Kontext sind sprachliche Aspekte entscheidend, was die Planung von globalen Marken betrifft.[170] Untersuchungen belegen, dass Kunden zumeist nationale Marken den internationa-

---

[166] Vgl. Berndt/Altobelli/ Sander 2005; S. 209.
[167] Vgl. Berndt/Altobelli/ Sander 2005; S. 211.
[168] Vgl. Gerling 2005.
[169] Vgl. Wünsche 2009; S. 27.
[170] Vgl. Berndt/Altobelli/ Sander 2005; S. 212.

len Marken vorziehen.[171] Dies gilt auch für türkische Zielpersonen, welche lokale Marken gegenüber internationalen Marken präferieren.[172] Dies gilt insbesondere für die erste Generation, indes für die Bikulturellen, quasi die zweite Generation von einem sehr hohen Markenbewußtsein ausgegangen werden kann. So tragen die türkischstämmigen bikulturellen Frauen Kleidung von Esprit, Stefanel, Hallhuber, Benetton und Diesel, kaufen aber auch türkische Marken wie Cotton Bar und Mavi.[173] Artikel von H&M und Zara werden nur dann erworben, wenn es sich um ausgefallene, hoch modische Klamotten handelt.[174] Analog verhält es sich mit dem Schuhkauf und Kosmetikprodukten. Bei den männlichen Vertretern, welche viel Geld für Unterhaltungselektronik ausgeben, kommt auch nur Markenware infrage.[175] Folglich besitzen internationale Marken ein hohes Absatzpotential für diese Zielgruppe. Bspw. konnte sich E-Plus im Mobilfunkbereich mit der eigens kreierten Marke Ay Yildiz bei türkischen Migranten/innen in Deutschland etablieren.[176]

Die Verpackungspolitik wird als Umhüllung von einem oder mehreren Produkten verstanden und nimmt im Marketing-Mix eine wachsende Stellung ein.[177] Hier bedarf es der Berücksichtigung verschiedener Kulturelemente, wie z.B. Symbolen aber auch der Anbringung einer Zweisprachigkeit (türkisch-deutsch).

Als weiteres Handlungsfeld sei die *Servicepolitik* aufgegriffen. Bei dieser wird „die Festlegung all jener Nebenleistungen [vorgenommen], welche der Förderung des Absatzes der Hauptleistung dienen."[178] Hierzu zählen u.a. die Information und Beratung, sowie Unterstützung bei dem Kauf selbst, eine Schulung oder Einweisung in die Benutzerführung, die Zustellung bzw. Installation, aber ebenso das gesamte Garantiespektrum.[179] Der Stromanbieter Yellow hat z.B. ein türkisches Call-Center eingerichtet, um eine Rund-um-die-Uhr Versorgung zu garantieren.[180]

---

[171] Vgl. Backhaus/Büschken/Voeth2003; S. 209.
[172] Vgl. Studie von Research International, zitiert nach Bittner, M. 2003; S. 24.
[173] Vgl. Fraunberg 2006; S. 185.
[174] Vgl. Fraunberg 2006; S. 185.
[175] Vgl. Fraunberg 2006; S. 185.
[176] Vgl. Gerling 2005.
[177] Vgl. Backhaus/Büschken/Voeth2003; S. 203.
[178] Berndt/Altobelli/ Sander 2005; S. 213.
[179] Vgl. Berndt/Altobelli/ Sander 2005; S. 213.
[180] Vgl. Dengel 2002.

4.1.2 Preispolitik

Bei der Preispolitik wird die Frage beantwortet, zu welchen Bedingungen, Leistungen offeriert werden sollen.[181] Die Zielsetzung der Preis-, Konditionen- bzw. Kontrahierungspolitik ist ökonomischer Natur und fokussiert sich an der Generierung von Gewinnen, der Erhöhung des Marktanteils und des RoI (Return on Investment).[182] Gegenstand der Preispolitik wird durch die Ausgestaltung der Rabattpolitik, Zahlungs- und Lieferbedingungen, Kreditpolitik und Allgemeinen Geschäftsbedingungen (AGBs) gebildet. Eine grundlegende Aufgabe wird der Kalkulation bezogen auf die Bestimmung der Preishöhe zugewiesen. Während im internationalen Rahmen landesspezifische Steuer-, Zollbestimmungen als auch Währungsrisiken berücksichtigt werden müssen, spielt dies für das Ethno-Marketing (bzw. für den Inlandsmarkt nur eine untergeordnete Rolle.[183] Ausgenommen hiervon sind Geschäfte, welche türkische Produkte nach Deutschland importieren. Diese sind angehalten im Rahmen ihrer Kalkulation die diesbezüglich anfallenden Mehraufwendungen zu berücksichtigen.

Als preisliche Methode kommt weiterhin die Preisvariation bspw. im Rahmen der Sonderangebotspolitik, welche eine Preisreduktion mit dem Zweck, eine kurzfristige Absatzsteigerung zu erzielen, verwendet wird.[184] Eine Preisdifferenzierung als weitere Option, die auf unterschiedliche Preise für ein- und dasselbe Produkt abzielt[185], kommt bei der untersuchten Zielgruppe nur dann in Frage, wenn eine solche Strategie höhere Gewinne inkludiert.[186] Der Preis stellt für den Konsumenten einen Produktbestandteil dar.[187] Müller und Gelbrich 2004 betonen, dass der kulturelle Hintergrund die Preisbereitschaft maßgeblich beeinflusst, bspw. ob Produkte für die jeweiligen Kulturanhänger ganz bestimmte Werte verkörpern[188] und daher einen hohen Preis rechtfertigen. Da bei den türkischstämmigen Migrannten/innen ein hohes Qualitätsbewusstsein vorherrschend ist (s. Punkt 3.3), erschließt sich hieraus eine Rechtfertigung für einen höheren Preis. Witt 2006 setzt im Rahmen seiner Untersuchung die Produkt- der Preispolitik gegenüber und kommt zu folgenden

---

[181] Vgl. Breitschuh/Wöller2007; S. 3.
[182] Vgl. Berndt/Altobelli/ Sander 2005; S. 214.
[183] Vgl. Wünsche 2009; S. 30f.
[184] Vgl. Berndt/Altobelli/ Sander 2005; S. 215.
[185] Vgl. Berndt/Altobelli/ Sander 2005; S. 216f.
[186] Vgl. Wünsche 2009; S. 31.
[187] Vgl. Witt 2006; S. 14.
[188] Vgl. Müller/Gelbrich 2004; S. 815ff.

Schlussfolgerungen[189]: Für Standardprodukte sind Standardpreise zu wählen und bei allen weiteren preislichen Methoden ist zu überlegen, wie mit den Mehrkosten umgegangen werden kann. So müssen Preisdifferenzierungen (bspw. aufgrund des Imports) gerechtfertigt sein, ansonsten muss ein Unternehmen erklären, weshalb für unterschiedliche Zielgruppen verschiedene Preise aufgerufen werden.

Die *Konditionenpolitik* bezieht sich auf vertragliche Festlegungen, die über die reine Preisfestlegung hinausreichen (z.B. Liefer-, Zahlungsbedingungen, Kredit- und Rabattpolitik, AGBs). Konditionen gelten als Gegenstand für eine Differenzierungs-strategie, weil sie weniger überschaubar sind als eine Differenzierung bezüglich der Preishöhe.[190] Auch im Rahmen dieser bedarf es der Berücksichtigung zielgruppen-spezifischer Besonderheiten, bspw. sind die AGBs entsprechend zweisprachig (türkisch/deutsch) aufzustellen, um Verständigungsprobleme zu vermeiden.

4.1.3 Distributionspolitik

Die *Distributionspolitik* geht der Frage nach, wie das Produkt vom Hersteller zu dem Konsumenten gelangen kann.[191] Hier ist der Standort entscheidend, bspw. bevölkern türkischstämmige Migranten/innen mehrheitlich Städte in wirtschaftlichen Ballungs-räumen (s. Punkt 3.2.1). Daher haben Gebiete, wo viele Migranten leben, oft eine eigenständige Infrastruktur (bestehend aus Banken, Unternehmen, Geschäften, Restaurants), weshalb ein Unternehmen mit firmeneigenen auf die türkische Ziel-gruppe abgestimmten Produkten, die Überlegung anstellen muss, ob sich eine Zusammenarbeit mit ethnischen Vertriebspartnern eignet.[192] Dies muss anhand der finanziellen und personellen Ressourcen geprüft werden. Deshalb sind die ökonomi-schen Zielsetzungen bei der Distributionspolitik primär und werden neben den herkömmlichen ökonomischen Zielgrößen, um Faktoren wie Logistikkosten, Ver-triebs-/Verkaufskosten, Preisstabilisierung erweitert.[193]

---

[189] Vgl. Witt 2006; S. 15f.
[190] Vgl. Berndt/Altobelli/ Sander 2005; S. 219.
[191] Vgl. Breitschuh/Wöller2007; S. 4.
[192] Vgl. Wünsche 2009; S. 30.
[193] Vgl. Berndt/Altobelli/ Sander 2005; S. 229.

Die Handlungsalternativen der Distributionspolitik beziehen sich hierbei auf die Vertriebs-, Verkaufspolitik und Distributionslogistik. Die *Vertriebspolitik* umfasst die Gestaltung sowie das Management der jeweiligen Absatzwege und –mittler.[194] Folglich besitzen hier Überlegungen, ob Vertriebspartner eingeschalten werden, oder der Vertrieb über firmeneigene Stätten erfolgt, Relevanz. Bei letztgenannten bedarf es einer näheren Untersuchung der Kaufortpräferenzen von türkischen Migranten, um Handlungsempfehlungen aussprechen zu können. Bspw. ob türkische Migranten eher zum Einkauf in einem „Tante-Emma-Laden" neigen, oder einen Vollsortimenter bevorzugen. Auffallend ist, dass die Mehrheit der türkischen Migranten/innen die Güter des täglichen Bedarfs in kleineren türkischen Lebensmittelgeschäften erwirbt (69,1 Prozent).[195] Ein Großteil kauft zudem in Lebensmitteldiscountern ein (63,1 Prozent), und nur ein kleiner Teil besucht hierfür Supermärkte (11,8 Prozent) oder SB-Warenhäuser (10,1 Prozent, s. Anlage 2).[196]

Dagegen bezieht sich die *Verkaufspolitik* auf die betriebseigenen Absatzorgane (wie bspw. die Verkäufer am POS), welche entsprechend akquiriert, geschult und gesteuert werden müssen.[197] Fragwürdig wäre hier, inwieweit ein Zusammenhang mit der Herkunft des Verkaufspersonals, besteht, was bedeutet, ob türkische Migranten eher in einem Geschäft einkaufen, in dem gleichfalls türkische Migranten, die Beratung und Bedienung übernehmen. Daimler-Chrysler wird diesem Anspruch gerecht und stellte in Gebieten, die einen hohen Anteil an türkischen Migranten/innen haben, türkische Mitarbeiter in den Niederlassungen ein, um die Verkaufsverhandlungen in Muttersprache und bei einer Tasse Tee durchzuführen.[198] Auch E-Plus folgt diesem Gedanken und beschäftigt für die deutsch-türkische Mobilfunkmarke Ay Yildiz ausschließlich türkischstämmiges Personal.[199]

Ein anderes Beispiel liefert Edeka: So qualifiziert Edeka Schmitt am Borsigplatz in Dortmund seine Mitarbeiter/innen im Umgang mit der ausländischen Kundschaft.[200]

---

[194] Vgl. Berndt/Altobelli/ Sander 2005; S. 230
[195] Vgl. GIM (Hrsg.) 2006; S. 20.
[196] Vgl. GIM (Hrsg.) 2006; S. 20.
[197] Vgl. Berndt/Altobelli/ Sander 2005; S. 232f.
[198] Vgl. Wildberger 2006.
[199] Vgl. Wünsche 2009; S. 30.
[200] Vgl. Gerling 2005.

Auch REWE (Homberg und Budnik in Dortmung) bedient sich Konsumentenbefragungen mit türkischen Kunden, um hier entsprechend vertrieblich reagieren zu können.[201]

Die *Distributionslogistik* geht der Frage nach, wie die Ware/n, in der entsprechenden Qualität und Menge, zum gewünschten Termin und am gewünschten Ort, zur Verfügung gestellt werden kann.[202] Da diese logistischen Aktivitäten mehrheitlich von dem Konsumenten nicht wahrgenommen werden, bzw. nur dann, wenn Fehlmengen auftreten und gewünschte Waren nicht verfügbar sind, soll dieses Handlungsfeld bei der weiteren Untersuchung außen vor bleiben.

4.1.4 Kommunikationspolitik

Bei der Kommunikationspolitik ist vordergründig die Frage zu klären, welche Informationsbeeinflussungsmaßnahmen ergriffen werden sollen, um die Leistungen entsprechend absetzen zu können.[203] Die Kommunikationspolitik ist überdies interdependent von dem zugrundeliegenden Produktlebenszyklus (bspw. ist in der Produkteinführungsphase die Streuung von Informationen vordergründig, indes in den folgenden Phasen die Profilierung und Beeinflussung den größten Stellenwert einnehmen).[204] Im Zuge der Kommunikationspolitik werden drei grundlegende Zielsetzungen differenziert, welche nachstehend tabellarisch zusammengefasst präsentiert werden.

Zielsetzung der Kommuni-kationspolitik	Steuerungsgrößen
Ökonomische Zielinhalte	Gewinn, Umsatz, Kosten, Marktanteil, Kauffrequenz, Margenpolitik (bspw. bei der Produktion von Werbemitteln, sofern diese einem hohen Qualitätsanspruch zu folgen haben, ist in diesem Fall mit sehr hohen Kosten zu rechnen)
Psychologische Zielinhalte	Information, Aufmerksamkeit, Bekanntheit, Aktualität, Emotion, Image, Bindung (z.B. Schaffung eines einheitlichen Erscheinungsbildes über alle Zielgruppen hinweg)
Streutechnische Zielinhalte	Erhöhung bzw. Maximierung der Reichweite (z.B. Zahl der erreichten Kontakte)

Quelle: Eigene Darstellung in Anlehnung an: Berndt, R./Altobelli, C. F./ Sander, M. 2005; S. 221f.

Tab. 1: Die Ziele der Kommunikationspolitik

---

[201] Vgl. Gerling 2005.
[202] Vgl. Berndt/Altobelli/ Sander 2005; S. 233.
[203] Vgl. Breitschuh/Wöller2007; S. 4.
[204] Vgl. Berndt/Altobelli/ Sander 2005; S. 222f.

Unternehmen kommunizieren mehrheitlich um ihre Bekanntheit zu erhöhen, ein positives Image zu schaffen und gleichwohl zu erhalten, und um zum Produktkauf zu animieren.[205] Die Kommunikation ist jedoch nur dann wirksam, „wenn die Werbebotschaft vom Verbraucher wahrgenommen, verstanden und akzeptiert wird."[206] Folglich ist das Ziel der Werbung in dem Herantragen von Werbebotschaften an die Rezipienten zu sehen, damit die festgelegten Werbeziele erreicht werden können.[207] Eine Werbebotschaft setzt sich aus Sprache und Bildern zusammen, weshalb auch diese im Ethno-Marketing kulturellen Einflüssen unterliegt. Daher bedarf es der Überwindung von Sprachbarrieren und der Vermeidung des Risikos der Verständigungsschwierigkeiten.[208] Für eine einheitliche Kommunikationsbasis empfiehlt sich der Rückgriff auf die Muttersprache, zumal diese sehr tief eindringen kann und Emotionen anspricht.[209]

Diesen Anforderungen folgend, lancierte bspw. Daimler-Chrysler bereits seit den 90er Jahren auf Ausländer bzw. Migranten abgestimmte Werbekampagnen, wobei die Botschaft „Mercedes-Benz, her zaman iyidir" (Mercedes-Benz ist immer gut) ausgesprochen gut bei der türkischen Zielgruppe ankam.[210] Auch die Commerzbank setzt auf ethnisch-orientierte Werbespots.[211]

Ferner bedarf es der Festlegung des Kommunikationsmix. Dieser ist vielfältig und setzt sich aus den Instrumenten der Werbung, des Sponsorings, Corporate-Identity-Policy, Product Placement, Sales Promotion, und dem Direktmarketing, etc. zusammen. Für die Ausgestaltung dieses Mixes sind kulturelle Faktoren von hoher Bedeutung.[212] Auffallend ist, dass lediglich 33 Prozent der Deutschen Werbung als nützlich empfinden, dagegen weisen 52 Prozent der Ausländer diese Attribution der Werbung zu.[213] Ferner muss in diesem Kontext das Mediennutzungsverhalten der türkischstämmigen Zielgruppe entsprechend untersucht werden und im Rahmen des Medienmixes berücksichtigt werden.[214]

---

[205] Vgl. Wünsche 2009; S. 28.
[206] Wünsche 2009; S. 28.
[207] Vgl. Berndt/Altobelli/ Sander 2005; S. 223.
[208] Vgl. Wünsche 2009; S. 28.
[209] Vgl. Wünsche 2009; S. 28.
[210] Vgl. Wildberger 2006.
[211] Vgl. Gerling 2005.
[212] Vgl. Berndt/Altobelli/ Sander 2005; S. 223.
[213] Vgl. Wildberger 2006.
[214] Vgl. Wünsche 2009; S. 29.

Über die Hälfte der deutschtürkischen Bevölkerungsgruppe liest sowohl deutsche als auch türkische Zeitungen und Zeitschriften[215] und reagiert gegenüber der Werbung in Printmedien als weniger werberesistent als die deutschen Mitbürger.[216] Zu den beliebtesten Fernsehsendern zählen Pro7, RTL, Kanal D sowie Show TV.[217] Bspw. kreierte Mercedes-Benz für die Lancierung der neuen E-Klasse 2000 mit einem Werbespot in türkischen Fernsehkanälen eine erfolgsträchtige Kampagne. Die Zielgruppe wurde hierbei durch türkische Gewerbetreibende gestellt.[218] Der Erfolg dieser Kampagne ist verhältnismäßig hoch einzustufen, weil der Markanteil von Mercedes Benz bei der deutschtürkischen Bevölkerungsgruppe auf 7,9 Prozent anstieg und Mercedes Benz zu dem meistgefahrenen Auto in dieser Zielgruppe wurde.[219] Schon 1994 ging Daimler Chrysler dazu über, die Medienkanäle für die türkischen Migranten/-innen werblich zu erschließen, z.B. im Rahmen der türkischen Tageszeitung „Hürriyet" (in der Deutschland-Ausgabe) oder mit der Schaltung von TV-Spots auf türkischen Satellitenkanälen.[220] Eine etwas andere werbliche Einbindung der türkischen Migranten/-innen wird bspw. in Bremen durch einen Einkaufsführer für Muslime umgesetzt.[221]

Auch das Internet spielt als Werbeplattform eine Rolle. Dieses wird seitens der türkischen Migranten/-innen überwiegend in der deutschen Sprache (61,6 Prozent) benutzt.[222] Lediglich acht Prozent greifen ausschließlich auf das türkischsprachige Internet zurück und bei 27,6 Prozent besteht ein gemischtes Nutzungsverhalten zwischen deutsch- und türkischsprachigen Webseitenangeboten.[223] Aber auch die AOK hält ein türkischsprachiges Webportal für diese Zielgruppe bereit.[224]

---

[215] Vgl. Informationsdienst Wirtschaft 20.02.2002.
[216] Vgl. Wildberger 2006.
[217] Vgl. Informationsdienst Wirtschaft 20.02.2002.
[218] Vgl. Cinar 2002; S. 35.
[219] Vgl. Cinar 2002; S. 35.
[220] Vgl. Dengel 2002.
[221] Vgl. Gerling 2005.
[222] Vgl. GIM (Hrsg.) 2006; S. 14.
[223] Vgl. GIM (Hrsg.) 2006; S. 14.
[224] Vgl. Gerling 2005.

4.5 Handlungsempfehlungen für das Ethno-Marketing in Deutschland

Marketing ist heute verstärkt wissensgetrieben und erfordert deshalb ein fundiertes Wissen als auch Verständnis der Konsumenten, Produkte, Marken, Wettbewerber und gesellschaftlicher Entwicklungen sowie Trends.[225] Problematisch ist, dass bei ethnischen Zielgruppen aufgrund des unterschiedlichen Konsumverhaltens[226], eine andere marketingpolitische Agitation erforderlich wird. Um folglich das Funktionieren von Ethno-Marketing sicherzustellen, bedarf es ausreichenden Kenntnissen über die Zielgruppe, deren Vorlieben und Wertevorstellung.[227] Findet dies keine Berücksichtigung, sind die Werbekampagnen bereits im Vorfeld zum Scheitern verurteilt. Bspw. wollte „Wal-Mart" Deutschland einst Handtücher mit der türkischen Flagge vertreiben, was in einem Desaster geendet wäre, weil das Symbol der türkischen Nation von keinem/er Türken/in zum Abtrocknen genutzt werden würde, geschweige denn, um dieses mit Füßen zu treten.[228] Ein anderes Beispiel liefert ein Telefondienstleister mit der Werbebotschaft „Kein Schwein ruft mich an". Unter Berücksichtigung des Tatbestands, dass Schweine bei Muslimen als unreine Tiere gelten, wäre auch diese Kampagne bei Realisierung fehl geschlagen.[229] Diese Beispiele belegen, dass eine ausreichende Zielgruppenbefragung und –erforschung unabdinglich ist. Ferner müssen bei der Fokussierung auf ethnische Zielpersonen deren Konsumkontext mit berücksichtigt werden.[230] Folglich bedarf es der Prüfung, ob infolge der Übersiedlung in ein anderes Land, diesbezüglich Auswirkungen auf das Konsumverhalten zu verzeichnen sind (z.B. Markenbewusstsein, Einfluss auf die Bekleidung, etc.) oder ob die Heimatverbunden Auswirkungen auf das Konsumverhalten (z.B. Nachfrage nach internationalen Finanzdienstleistungen) mit sich bringt. Weiterhin muss evaluiert werden, ob eine Produktdifferenzierung wirtschaftlich sinnvoll ist und welche Kulturelemente (s. Verpackungspolitik) entsprechend zu integrieren sind. Erst hierdurch kann das Produkt auf die notwendige Akzeptanz stoßen. Auch empfiehlt es sich, bei stark erklärungsbedürftigen Gütern auf eine fremdsprachliche Beratung zurück zu greifen, um eventuellen Verständigungsproblemen vorzubeugen.

---

[225] Vgl. GIM (Hrsg.) 2006; S. 3.
[226] Vgl. Gerling 2005.
[227] Vgl. Wildberger 2006.
[228] Vgl. Wildberger 2006.
[229] Vgl. Wildberger 2006.
[230] Vgl. Wünsche 2009; S. 26.

Was die Markenpolitik betrifft, sei als Handlungsempfehlung ausgesprochen, dass zunächst geprüft werden sollte, ob der Markenname von einem Produkt bekannt ist, also beibehalten werden sollte, oder in die Sprache der ethnischen Gruppe zu übersetzen ist.[231] Auch hier sollten analog zur Verpackungspolitik bzw. Produktgestaltung zielgruppengerechte Symbole sowie Bilder für die Markierung verwendet werden. Dabei bedarf es der Berücksichtigung von kulturellen Besonderheiten (z.B. religiösen Symbolen, Farbauswahl etc.).

Bei der Preispolitik muss die Preisbereitschaft der jeweiligen Zielgruppe geprüft werden. Eine allgemeine Preisstrategie für alle Migrantengruppen ist nicht existent, weil „unterschiedliche Gruppen über unterschiedliche Wertevorstellungen und Kaufkraft verfügen."[232] Witt 2006 betont jedoch, dass im Vergleich zu den anderen Instrumenten im Marketing-Mix, keine direkte kulturelle Einflussnahme bezüglich des Preises vorliegt.[233]

Im Rahmen der Distributionspolitik bestehen durchaus interessante Möglichkeiten für das Ethno-Marketing. Die Distributionspolitik ist förderlich, dass sich der Kunde mit seiner Kultur wahrgenommen fühlt, was wiederum in einem Vertrauensverhältnis münden kann.[234]

Was die Kommunikationspolitik betrifft, ist das Mediennutzungsverhalten der jeweiligen Ethnie zu prüfen. Die Frage, welche sich im interkulturellen Kontext aufwirft, ist, welche Medien für türkische Migranten genutzt werden können, wie die Werbemittel und die Werbebotschaft für diese Zielgruppe gestaltet werden sollen. Gleichwohl bedarf es einer entsprechenden Evaluierung der Reichweite. Werden die Werbekanäle näher betrachtet, verdeutlicht sich schnell, dass türkischstämmige Migranten/innen über eigene Medienlandschaften verfügen. Was die Botschaftsgestaltung betrifft, kann gesagt werden, dass zwar die Mehrheit der hier lebenden Türken/innen deutschsprachig ist, jedoch scheint für das Marketing die werbliche Ansprache über die Muttersprache besser zu funktionieren (s. Daimler Chrysler). GIM 2006 liefert hierzu folgende Empfehlungen:

---

[231] Vgl. Wünsche 2009; S. 27f.
[232] Wünsche 2009; S. 31.
[233] Vgl. Witt 2006; S. 16.
[234] Vgl. Witt 2006; S. 19.

> - ■ Ansprache zweisprachig: Deutsch plus Sprache des Herkunftslandes
>   - ■ Emotionale Ansprache, Eye-Catcher, Identifikation
>   - ■ Direkter Bezug zur konkreten, eigenen Lebenswelt (nicht abstrakt)
>   - ■ Teils geringe Sprachkenntnisse (v.a. Ältere)
>   - ■ Entlastung der Kinder als Ratgeber und Übersetzer
>   - ■ Textlastigkeit vermeiden
> - ■ Direkte Ansprache: Angebote machen
> - ■ Keine Mitgliedschaften, (Vertrags-)Bindungen, materielle Erwartungen
> - ■ Kommunikation an Orten mit persönlichem Bezug (z.B. Heimat Lebensmittel)

Quelle: GIM (Hrsg.) 2006; S. 42.

Abb. 6: Empfehlungen für die Kommunikationspolitik

Werden diese Tatbestände berücksichtigt, wird dies als besondere Wertschätzung der türkischen Kultur sowie Persönlichkeit verstanden und damit die Akzeptanz zu Produkt, Marke bzw. Unternehmen erhöht, das Vertrauen gefördert und folglich die Kundenbindung der türkischen Migranten/-innen verbessert.

5 Zusammenfassung und Ausblick

Ethno-Marketing ist strikt zielgruppenorientiert, denn es beschreibt ein Marketing für ethnische Minderheiten. Deshalb spielt die Kultur im Rahmen des Ethno-Marketings eine zentrale Rolle. Im Rahmen dieser Ausarbeitung konnte nachgewiesen werden, dass sich die türkische Zielgruppe sehr gut für das Ethno-Marketing eignet.

Generell hat die türkischstämmige Zielgruppe mehrheitlich Gemeinsamkeiten aufzuweisen, weshalb im Rahmen des Marketings bzw. an der oberflächlichen Ebene hierdurch eine Gesamtansprache möglich ist.[235] Dennoch existieren innerhalb der Gruppen bzw. Generationen, die im Zuge einer gezielten Ansprache zu berücksichtigen sind, Unterschiede, was in der vorliegenden Arbeit anhand der Marktsegmentierung nachgewiesen werden konnte. So sind Unterschiede gegeben, was die Staatsangehörigkeit betrifft, aber ebenso liegen Differenzen vor, die Religions-, Nations- und Kulturzugehörigkeit betreffend.

Für ein gelungenes Ethno-Marketing ist es unzureichend, Werbetexte vom deutschen ins türkische zu übersetzen. Vielmehr muss ein Anschluss an die Lebenswelt, das Lebensgefühl und die Lebensweise der türkischen Migranten/innen erfolgen und folglich auch religiöse und moralische Aspekte berücksichtigt werden. Ethno-Marketing, insbesondere die Kommunikationspolitik und werbliche Möglichkeit, sichert nicht nur unter Berücksichtigung der kulturellen Gegebenheiten und Anforderungen eine zielgruppengenau Ansprache der türkischen Migranten/innen, sondern erschließt die Option, neue und zudem sehr kaufkräftige Kundengruppen gewinnen zu können.

Für die Zukunft bleibt festzuhalten, dass in Anbetracht der Bevölkerungsentwicklung in Deutschland und der Zunahme von Einwanderern, für Unternehmen die Möglichkeit gegeben wird, neue lukrative Zielgruppen zu erschließen. Deshalb ist davon auszugehen, dass das Ethno-Marketing deutliche Steigerungen erfahren wird.[236] Denn „Neuerungen im Marketing sind schließlich so wichtig wie technische Innovationen, ohne die es keine Weiterentwicklung gibt."[237] Problematisch und folglich für die

---

[235] Vgl. GIM (Hrsg.) 2006; S. 9.
[236] Vgl. o.V. 17.01.2010: Ethno-Marketing – Neue Kunden, neue Wege.
[237] o.V. 17.01.2010: Ethno-Marketing – Neue Kunden, neue Wege.

Zukunft entwicklungsbedürftig ist derzeit der Bereich der Marktforschung zu sehen, weshalb viele Kampagnen, u.a. der Deutschen Telekom AG keine messbaren Werte zugrunde legen können.[238] Gleichfalls sind die Konsumgewohnheiten von ethnischen Gruppen weitestgehend unerforscht. Hier erfordert es einem zukünftigen Entwicklungsbedarf.

---

[238] Vgl. Dengel 2002.

Literaturverzeichnis

I. Monographien

Backhaus, K./Büschken, J./Voeth, M. (2003): Internationales Marketing, 5. Aufl., Stuttgart 2003.

Berndt, R./Altobelli, C. F./ Sander, M (2005): Internationales Marketing-Management; 3. Aufl., Berlin/Heidelberg/New York 2005.

Bielefeldt, H. (2005): Zwangsheirat und multikulturelle Gesellschaft. Anmerkungen zur aktuellen Debatte; Deutsches Institut für Menschenrechte, Berlin 2005

Breitschuh, J./Wöller, T. (2007): Internationales Marketing. Ausgewählte Strategien von Absatz- und Beschaffungsmärkten, München 2007

Gerling 2005. Gerling, V.: Demographischer Wandel – auf der Suche nach neuen Märkten; Vortrag im Rahmen des Wirtschaftsgesprächs Bergkamen am 17.11.2005; Forschungsgesellschaft für Gerontologie e.V., Dortmund.

GIM (Hrsg.) 2006. GIM (Hrsg.): Interkulturelles Marketing. Ethnische Zielgruppen aus Sicht der Marktforschungspraxis; Vortrag im Rahmen der Expertenwerkstatt, Hannover, 30.11.2006.

Hofstede, G. (1993): Interkulturelle Zusammenarbeit: Kulturen – Organisationen – Management, Wiesbaden 1993

Jurewicz, G. (2005): Die multikulturelle Gesellschaft – Schein oder Wirklichkeit?, Alfred Toepfer Stiftung F.V.S., Potsdam 2005

Kraus-Weysser, F./Ugurdemir-Brincks, N. (2002): Ethno-Marketing - Türkische Zielgruppen verstehen und gewinnen, Landsberg am Lech 2002

Küsters, E.A. (1998): Episoden des interkulturellen Managements: Grundlagen der Selbst- und Fremdorganisation, Wiesbaden 1998

Kutschker, M./Schmidt, S. (2008): Internationales Management; 6. Aufl., München 2008

Lindt, T (2008): Ethno-Marketing - Wettbewerbsvorteile durch kulturelle Vielfalt im Zielgruppenverständnis der in Deutschland lebenden Türken und Russen; Norderstedt 2008

Müller, S./Gelbrich, K (2004): Interkulturelles Marketing, München 2004

Musiolik, T. H. (2010): Ethno-Marketing - Werbezielgruppen in der multikulturellen Gesellschaft, Hamburg 2010

Witt, M. (2006): Ethno-Marketing. Konzept, Bedeutung, Chancen-Risiken, Working Paper; European Business School, Reutlingen 2006

Wünsche, R. (2009): Ethno-Marketing: Interkulturelle Aspekte, Hamburg 2009.

II. Aufsätze/Artikel in Sammelwerken, Kommentaren, Festschriften

Fraunberg 2006. von Fraunberg A.: Bikulturelle Deutschtürken; in: Kalka, J./Allgayer, F. (Hrsg.): Zielgruppen. Wie sie leben, was sie kaufen, woran sie glauben; Landsberg am Lech: 2006; S. 183-190.

Kleist 2004. Kleist, S.: Internationales Beteiligungscontrolling; in: Littkemann, J./Zündorf, H.: Beteiligungscontrolling. Ein Handbuch für die Unternehmens- und Beratungspraxis; Berlin 2004; S. 429-452.

III. Zeitschriftenartikel oder Zeitungsartikel

Bittner, M. (2003): Verbraucher wollen vergeben und verzeihen; Absatzwirtschaft, 46. Jg., Heft 5/2003; S. 22-24.

Cinar, M (2002): Mercedes Benz. E-Klasse spricht türkisch; in: Direkt Marketing, 38. Jg., Heft 8/2002, S. 35.

IV. Internetquellen

o.V. A (2010): Deutschtürken,

http://www.kom-gmbh.de/index.php/lang-de/deutschtuerken.html,

Stand: 13.06.2010

o.V. B (2010): Ethno-Marketing – Neue Kunden, neue Wege,

http://www.Ethno-Marketing.de/wirtschaft/61-Ethno-Marketing-neue-kunden-neue-wege.html,

Stand: 13.06.2010.

o.V. C: Starke Zielgruppe (2010): Türken in Deutschland,

http://www.Ethno-Marketing.net/15-starke-zielgruppe-turken-in-deutschland,

Stand: 10.06.2010.

Dengel, B (2002): Mit Ethno-Marketing gegen Konsumflaute,

http://www.handelsblatt.com/archiv/mit-ethno-marketing-gegen-konsumflaute;556316,

Stand: 10.06.2010

Strittmatter, K. (2010): Babypause am Bosporus,

http://www.sueddeutsche.de/politik/geburtenrate-in-der-tuerkei-babypause-am-bosporus-1.76904,

Stand: 13.06.2010.

Wakenhut, G. (2002): Lebenswelten Deutschtürken 2002,

http://idw-online.de/pages/de/news44733,

Stand: 10.06.2010

Wildberger, N. (2006): Ethno-Marketing: Wie man Türken und Russen umwirbt,

http://www.wiwo.de/management-erfolg/wie-man-tuerken-und-russen-umwirbt-150187/2/,

Stand: 13.06.2010

Anhang

Anlage 1: Die Kulturdimensionen nach Hofstede

Eigene Darstellung in Anlehnung an: Hofstede 1993; S. 57, 91, 123, 146, 197

MACHTDISTANZ	
„Ausmaß, bis zu welchem die weniger mächtigen Mitglieder von Institutionen [...] erwarten und akzeptieren, dass Macht ungleich verteilt ist"[239] Beziehung zwischen Vorgesetzten und Untergebenen im Hinblick auf die gegenseitige Beeinflussbarkeit	
gering	**groß**
Macht fußt auf Legitimation und gilt als Recht; Ethik ist untergeordnet	Macht ist gegeben und geht vor Recht
Macht beruht auf Position, Fachwissen, Belohnungsmöglichkeiten	Macht stützt sich auf Beziehen, Druckmittel, Charisma
Macht wird nicht zur Schau gestellt	Macht findet ausdrückliche Betonung und wird herausgestellt
der Angestellte und dessen Bedeutung für ein Unternehmen erfahren Berücksichtigung	Führungskräfte gelten als wesentlich in einem Unternehmen
geringe Einkommensunterschiede	große Einkommensunterschiede
UNSICHERHEITSVERMEIDUNG	
Einstellung zu und Umgang mit Unsicherheit Grad, ab welchen sich Mitglieder einer Kultur durch ungewisse/unbekannte Situationen bedroht fühlen	
gering	**hoch**
Unsicherheit gilt als alltäglich und ist zu akzeptieren	Unsicherheit wird als Bedrohung empfunden und gilt zu bekämpft zu werden
subjektives Wohlbefinden	Stress und Angst
harte Arbeit nur dann, wenn erforderlich	innerer Drang nach Geschäftstätigkeit
Akzeptanz von uneindeutigen Situationen und unbekannten Risiken	Akzeptanz bekannter Risiken, Uneindeutigkeit ist angstverursachend
nicht mehr Regeln als nötig	Bedürfnis nach Regeln
Toleranz gegenüber Innovationen	Widerstand gegen Innovationen

---

[239] Hofstede 1993; S. 42.

INDIVIDUALISMUS	
Interesse des Individuums gegenüber der Gemeinschaft	
Bindungen zwischen Individuen	
gering	**hoch**
Integration des Individuums in eine Gruppe (Schutz) – Wir-Fokus	Mensch trägt Sorge für sich und seine direkte Familie – Ich-Fokus
Kommunikation erfolgt durch versteckte Signale, implizit	Kommunikation erfolgt verbalisiert, explizit
Harmoniestreben	offene Meinungsäußerungen
Fehler und Übertretungen bedeuten Gesichtsverlust für Individuum und Gruppe	Fehler oder Übertretungen führen zu Schuldgefühlen / Verlust an Selbstachtung
Beziehung geht vor Aufgabe	Aufgabe steht vor Beziehung

MASKULINITÄT	
Stärke der Abgrenzung der Geschlechterrollen	
Maskuline Werte (Einkommen, Anerkennung, Konfliktaustragung) vs. femininen Werten	
(Harmonie-, Sicherheitsstreben)	
gering	**hoch**
Sympathie zu Schwachen	Sympathie mit den Starken
Arbeiten, um zu leben	Leben, um zu arbeiten
Vorgesetzte sind Konsensorientiert	Vorgesetzte entscheiden bestimmt
Konfliktlösung durch Kompromisse	Konfliktaustragung

LANGFRISTORIENTIERUNG	
zeitliche Orientierung einer Kultur	
gering	**hoch**
Hoher Respekt für Tradition	Anpassung an moderne Gegebenheiten
Sozialer Status erzeugt Ausgabedruck, wenig Investitionen	Sparsamkeit / Hohe Investitionsbereitschaft
Ziel rascher Ergebnisse	Beharrlichkeit / Kontinuität

Anlage 2: Einkaufsorte für Güter des täglichen Bedarfs

Eigene Darstellung in Anlehnung an: GIM Studie „Lebenswelten Deutschtürken 2002" in: GIM (Hrsg.) 2006; S. 20

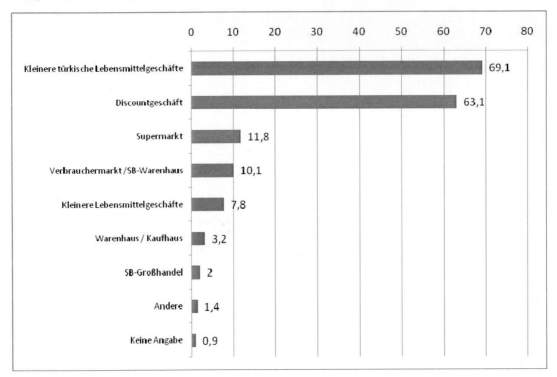

Anlage 3: Segmentierung nach Werte-Einstellungen nach GIM

GIM (Hrsg.) 2006; S. 31.

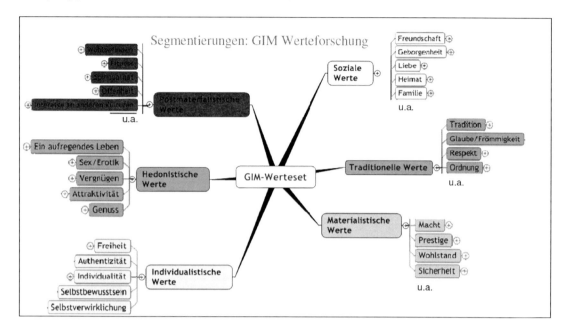